Shai Tubali
Die sieben Herzgeheimnisse

Shai Tubali

Die 7 HerzGeheimnisse

Leben in
Vertrauen und Liebe

Bücher haben feste Preise.
1. Auflage 2019

Shai Tubali
Die sieben Herzgeheimnisse

Der Titel des englischen Originals lautet »Unlocking the 7 Secret Powers of the Heart«, erschienen 2018 by Earthdancer GmbH
Übersetzt aus dem Englischen von Andreas Lentz.

© für die deutsche Ausgabe Neue Erde GmbH 2019
Alle Rechte vorbehalten.

Titelseite:
Illustration: LaFifa (Hintergrund),
 Gorbash Varvara (Herz), beide shutterstock.com
Gestaltung: Dragon Design, GB

Satz und Gestaltung:
Dragon Design, GB
Gesetzt aus der Minion und der Myriad

Gesamtherstellung: Appel & Klinger, Schneckenlohe
Printed in Germany

ISBN 978-3-89060-759-7

Neue Erde GmbH
Cecilienstr. 29 – 66111 Saarbrücken
Deutschland – Planet Erde
www.neue-erde.de

Inhalt

Einführung: Begegnen Sie Ihrem Herzen   6

Herz-Aktivierung   16

Das erste Herzgeheimnis:
Herzweisheit   23

Das zweite Herzgeheimnis:
Stark und verletzlich zugleich   37

Das dritte Herzgeheimnis:
Freiheit durch Vergebung   49

Das vierte Herzgeheimnis:
Die Fähigkeit zu lieben   61

Das fünfte Herzgeheimnis:
Umwandlung der Gefühlswelt   73

Das sechste Herzgeheimnis:
Eigenmächtig ohne Grenzen   86

Das siebte Herzgeheimnis: Sich selbst lieben   99

»Heart Gym«-Übung   114

Quellen   122
Über den Autor   123
Bildnachweis   124

Einführung: Begegnen Sie Ihrem Herzen

Der Irrglaube vom zerbrechlichen Herzen

Die meisten verbinden mit dem Herzen wohl eher Mitleiden und Verletzlichkeit; in diesem Buch geht es jedoch um die Stärke, um die Macht des Herzens. Das Herz und Macht? Im allgemeinen lässt uns das Wort »Macht« an Dinge wie Ehrgeiz, Kontrolle, Disziplin, Entschlossenheit und Durchsetzung denken. Es klingt seltsam und sogar etwas unvernünftig, Macht mit Liebe, Zärtlichkeit und Verletzlichkeit zu verbinden. Wenn wir in uns selbst nach Quellen der Macht und Eigenschaften wie Furchtlosigkeit und Belastbarkeit suchen, ist unser Herz nicht das erste oder naheliegende, was uns in den Sinn kommt. Tatsächlich sagt uns der Verstand – der Sitz unseres logischen Denkens –, dass Vertrauen in die Kräfte des Herzens uns eher behindert und zu schwach und zu empfindsam macht, um den Herausforderungen des Lebens gewachsen zu sein. Wir würden in einer gewalttätigen und zügellosen Welt, in der es überall Missbrauch oder Ausbeutung gibt, einfach zerbrechen.

Aber stimmt das auch? Dieses kleine Buch enthält eine starke Botschaft: Das Herz ist Ihre größte Kraftquelle. Wenn Sie in Ihren sogenannten »harten« Bereichen wie Wille und Ehrgeiz nach Selbstwertgefühl, Selbstvertrauen und Entschlossenheit suchen, gehen Sie an der einen Ressource vorbei, die Ihnen ungeheure Kräfte zur Verfügung stellen kann. Denn alle Qualitäten und Stärken, die wir mit Eigenmächtigkeit verbinden, existieren in Hülle und Fülle in Ihrem Herzen.

Wahrscheinlich haben Sie dieses Buch gefunden, indem Sie sich von Ihrer *Intuition* haben leiten lassen – der Fähigkeit des Herzens, auf nicht-logische Weise und ohne nachzudenken zu erkennen, was stimmig ist und was nicht. Die Intuition hat Sie von Ihren gewohnten Quellen persönlicher Macht abgekoppelt: von starkem Ehrgeiz und Durchsetzungswillen, Zwang, Disziplin und Begehren. Der Verzicht auf die üblichen Machtmittel bedeutet jedoch nicht, dass Sie dem anderen Extrem, der Schwäche, anheimfallen.

Vielmehr können Sie auf eine weniger bekannte Kraftquelle zugreifen, die sich immer »richtig« anfühlt. Indirekt erkennen fast alle Menschen bis zu einem gewissen Grad die Kraft des Herzens. Bücher und Filme in unserer Populärkultur sind voller inspirierender Geschichten darüber, was Menschen im Namen der Liebe zustande brachten, und von den unerschöpflichen Energien, die freigesetzt werden, wenn Menschen von ganzem Herzen an etwas glauben.

Diese Kraft liegt buchstäblich direkt vor Ihrer Nase. Obwohl Ihr Verstand ihr nicht vertraut, kann sie ihn durchaus als Triebkraft ersetzen, und auf lange Sicht erweist sie sich als viel widerstandsfähiger und unerschütterlicher. Der Verstand verlangt von Ihnen, dass Sie, um sich stark zu fühlen, Ihr Herz verhärten, Ihren Speer, Schild und Helm aufnehmen und in den Kampf mit der Welt ziehen sollen. Der Verstand bringt Sie dazu, dem Herzen zu misstrauen – aber nur deshalb, weil er sehr wenig über das wahre Wesen des Herzens und seine Funktionen und Fähigkeiten weiß.

Was ist das Herz?

Die Art und Weise, wie sich unsere westliche Kultur dem Herzen nähert, ist überraschend widersprüchlich. Auf der einen Seite nimmt die allgemeine wissenschaftliche und rationale Sichtweise das Herz als ein rein körperliches Organ wahr. Zwar ist offensichtlich, dass unser physisches Herz ein komplexes intrinsisches Nervensystem hat, das aus mehreren Ganglien (Anhäufung von Neuronen) besteht, die miteinander vernetzt sind, aber deswegen gestehen wir dem Herzen noch lange nicht zu, eine eigene »Intelligenz« zu haben.[1] Andererseits sahen alle Kulturen der Menschheitsgeschichte, auch unsere heutige wissenschaftsorientierte, das Herz als aktives Element in uns, das eine große Bandbreite von Bewusstseinszuständen, Emotionen, Eigenschaften und Ausdrucksweisen auslöst. Das Herz scheint der »Star« zu sein: Romane, Fernsehserien und Popsongs präsentieren Menschen, die die Sehnsüchte und Enttäuschungen ihres Herzens zum Ausdruck bringen. Und noch wichtiger, ob wir uns nun als »rational« oder »emotional« betrachten: Wir alle wissen durch unsere unmittelbare Erfahrung, wie es *sich anfühlt*, ein »gebrochenes Herz« zu haben.

Eine bloße Metapher? Wenn, dann ist sie sehr hartnäckig. Wenn wir jedoch »auf unser Herz hören«, tief im Inneren, unter den Schichten von Skepsis und Rationalität, wissen wir, dass es stimmt.

Das Herz ist der Kern, der Mittelpunkt Ihres Seins – da wohnt Ihr »Innerstes«. Wenn Sie Ihr Herz kennen, kennen Sie Ihr Innerstes. Wenn Ihr Herz »verschlossen« ist, sind Sie nicht in Kontakt mit Ihrem Kern, oder Sie lassen andere nicht in ihn hineinschauen. Intuitiv wissen wir das alle; schließlich *ist* dies die Bedeutung von »Herz«. Wenn Sie »zum Herzen der

Sache kommen«, sind Sie beim zentralen oder wesentlichen Thema angelangt. Als unser Innerstes, ist das Herz die tiefste Stelle, von der aus wir entscheiden und handeln. Es ist das Zentrum, das unsere Werte und unseren Sinn im Leben bestimmt. Wir bewundern berühmte Persönlichkeiten, die heldenmütig »ihrem Herzen folgen« und wider alles Einreden nur nach ihrer tiefsten Berufung handeln. Offensichtlich ist das Herz mit unserer Authentizität verbunden, unserer Fähigkeit, auf die Stimme unseres wahren Selbst zu hören, so wie ein weiterer gängiger Satz uns rät, »auf unser Herz zu hören«. Wir erkennen, dass das Herz weise ist. Es hat seine eigene Intelligenz, die es in seiner eigenen Sprache ausdrückt. Es ist eine Quelle der Weisheit, die uns direkt mit dem verbindet, was in uns echt und wahr ist. Aus diesem Grund: Wenn es in uns ein Reich gibt, das als Aufenthaltsort unserer »Seele« gelten könnte, dann ist es zweifellos unser Herz.

Auch wenn unser Gehirn eindeutig viele lebenswichtige Funktionen erfüllt, ist es in diesem Sinne nur der Diener des Herzens. Wenn wir den Verstand zum Herrn und Meister unseres Seins machen, werden wir am Ende verwirrt, ratlos und verspannt sein. Der Versuch, »den Kopf zu gebrauchen«, wie viele meinen, wenn sie nicht weiter wissen, führt oft zu einem größeren inneren Durcheinander. Wenn das Herz als einziger wahrer Meister unserer inneren Welt abwesend ist, verliert unser Denken sein inneres Gleichgewicht. Sie verlangen vom Verstand Dinge, die er nicht vermag. Zum Beispiel hat er keine Ahnung, was der Sinn Ihres Lebens ist. Interessanterweise hat das Herz auch keine »Idee«. »Wissen« ist für das Herz nicht, zu wissen, wie man Finanzberichte erstellt oder wie man ein Argument überzeugend formuliert – sein »Wissen« ist eher wie »Gefühl««. Es fühlt, was im Leben wirklich wichtig ist, weil es mit dem tieferen Sinn des Lebens verbunden ist. An diesem Gefühl orientiert es sich bei wichtigen Entscheidungen.

Ihr Herz ist der Ursprung vieler lebenswichtiger Eigenschaften, die der Verstand niemals hat: Demut und Mut, Nähe und Güte, Akzeptanz und Wertschätzung, Glaube und Großzügigkeit, Reinheit und Hingabe, Mitgefühl und Opferbereitschaft. Wenn das Herz mit solchen Eigenschaften in Berührung kommt, weckt es unser schlafendes Innerstes auf und kann uns sogar zu Tränen rühren. Nur das Herz kann diese Eigenschaften wertschätzen. Es sieht die Anmut in ihnen und ihren großen Wert, während sie für den Verstand irrelevant und nutzlos sind. Neben seiner Funktion als Angelpunkt unseres Lebenssinns, unseres tieferen Wissens und unserer Entscheidungen, ist das Herz natürlich auch unser emotionales Zentrum, durch das wir mit uns selbst und anderen in Kontakt kommen und uns in Beziehung setzen. Emotionen sind das Kommunikationsmittel des Herzens, und durch sie webt es »Zusammenhänge«, den Fluss des Gebens und Nehmens zwischen uns und der Welt um uns her.

Indem wir unser Wesen zur eigentlichen Bedeutung des Herzens und seinem Wissen führen, wird es zu dem Ort, von dem aus wir entscheiden, wem oder was wir unsere Aufmerksamkeit, Hingabe und Leidenschaft schenken. Das ist die tiefere Bedeutung von »sein Herz auf etwas richten«. Wenn wir etwas unsere ganze Aufmerksamkeit widmen, wenn wir etwas »aus ganzem Herzen« tun, sind wir von einem tiefen Sinn erfüllt. Im Hebräischen heißt »Aufmerksamkeit« wörtlich übersetzt: »das Herz in etwas legen«. Und das bedeutet: Wo immer dein Herz ist, das ist deine tatsächliche Wirklichkeit.

Übung: Ihr Herz kennenlernen

Für die besten Ergebnisse schreiben Sie Ihre Antworten auf.

Denken Sie an einen Moment oder ein Ereignis in Ihrem Leben, in dem Sie sich mit Ihrem Herzen verbunden gefühlt haben. Lassen Sie die Erinnerung an diesen Moment oder dieses Ereignis in Ihnen lebendig werden. Eingetaucht in diese wiedererwachte Erinnerung, fragen Sie sich: Warum sehe ich mich da als mit dem Herzen verbunden? Was bedeutet diese Verbindung für mich?

Denken Sie nun an einen Moment oder ein Ereignis in Ihrem Leben, in dem Sie das Gefühl hatten, ein offenes Herz zu haben. Lassen Sie die Erinnerung an diesen Moment oder dieses Ereignis noch einmal in sich lebendig werden. Dann denken Sie an einen Moment oder ein Ereignis, in dem Sie das Gefühl hatten, dass Ihr Herz verschlossen war. Erinnern Sie sich an diesen Moment oder dieses Ereignis so intensiv wie möglich. Eingetaucht in diese beiden wiedererweckten Erinnerungen, fragen Sie sich: Was bedeutet es für mich, wenn das Herz offen ist? Was bedeutet es für mich, wenn das Herz verschlossen ist?

Herz ist Macht

Das Anliegen dieses Buches ist es, Sie zu ermutigen, Ihr Herz zum Mittelpunkt Ihres Seins und Ihrer Identität zu machen. Wenn Sie den Anleitungen bis zum Ende folgen, kann Ihr Herz zu einer absolut zuverlässigen inneren Kraftquelle werden, aus der heraus Sie im Vertrauen in die Welt handeln können. Am Ende dieser Reise werden Sie das Herz als den einen wahren Antrieb Ihres Lebens sehen, als einen äußerst aktiven Motor, der all Ihren Handlungen ein unerschöpfliches Energiepotential verleiht. Es ist wichtig, die Kräfte des Herzens kennenzulernen. So gewinnen Sie das Vertrauen, in Ihrem Leben einen so entscheidenden Schritt zu tun. Der Grund, warum unser Verstand uns glauben lässt, dass es gefährlich ist, aus dem Herzen zu handeln, liegt darin, dass er meint, das Herz sei zerbrechlich. Aber wenn Sie dieses

Buch durcharbeiten und die sieben bislang unbekannten und ungenutzten Kräfte Ihres Herzens immer weiter erwecken, werden Sie jeden Zweifel und jede Angst überwinden.

Beachten Sie, dass ich den Begriff »erwecken« verwende, anstelle von »entwickeln« oder »erreichen«. Auch hier hat das Herz seine eigene Sprache: Mit dem Herzen lernen Sie niemals etwas, was Sie nicht schon wussten; vielmehr erwacht eine schlafende Erinnerung in Ihnen und wird aktiviert.

Obwohl es noch mehr geheime Herzkräfte gibt, wurden die folgenden sieben mit Bedacht ausgewählt; es sind die wichtigsten, um einen ersten Schritt in Richtung einer vollständigen Aktivierung Ihres Herzens und Ihrer Liebe zu tun:

Herzweisheit – wird offenbart durch Ihr Herzwissen jenseits aller Zweifel. Sie brauchen nicht mehr so zu tun, als ob Sie selbstsicher wären.

Stärke in der Verletzlichkeit – Überraschenderweise wird Stärke erreicht durch Offenheit, Verletzlichkeit und bedingungslose Liebe. Sie brauchen sich nicht zu verhärten und von der Welt abzuschirmen.

Freiheit durch Vergebung – Freiheit gewonnen durch die Magie der Vergebung. Sie müssen nicht mehr gegen alte Gespenster kämpfen und beweisen, dass Sie Recht hatten.

Die Fähigkeit zu lieben – entdecken Sie in der natürlichen Fülle Ihres Herzens, auch wenn der Verstand Ihnen sagt, dass Sie nichts zu geben haben. Sie brauchen sich nicht endlos selbst vervollkommnen und heilen, um ein Gebender zu werden.

Umwandlung der Gefühlswelt – die Fähigkeit, jeden inneren Zustand (Angst, Lust oder Frustration) umzuwandeln, indem Sie sich einfach in Ihr Herz begeben. Sie brauchen sich nicht in Emotionen und Gefühle zu verstricken, die Sie nirgendwo hinführen, wenn Sie einen so mächtigen Transformator im Inneren haben.

Eigenmächtigkeit ohne Grenzen – wird erweckt, wenn Sie Ihr Herz als Antrieb Ihres Lebens erfahren. Sie müssen sich nicht mehr auf Willenskraft und Ehrgeiz verlassen, was Groll, Wettstreit und Stress mit sich bringt.

Sich selbst lieben – können Sie, wenn Sie sich mehr und mehr mit der grundlegenden Zufriedenheit Ihres Herzens verbinden. Sie brauchen nicht zu warten, bis Sie der Liebe würdig sind oder ein anderer bereit ist, Ihnen Anerkennung zu geben.

Möge das Wissen um diese sieben Herzkräfte Sie dazu bringen, Ihr Herz weise zu aktivieren, in Übereinstimmung mit seinem ursprünglichen Schicksal und Sinn!

Herzaktivierung

Diese grundlegende Aktivierungsübung, die täglich praktiziert wird, ermöglicht es Ihnen, das Zentrum Ihres Seins nach und nach in Ihr Herz zu verlagern. Das Beste ist, den Tag damit zu beginnen, aber Sie können sie auch zu einer anderen Zeit ausführen, auch kurz vor dem Schlafengehen.

Damit sich Ihr Verstand während der Übung nicht einmischt, überlassen Sie sich der Anleitung und folgen Sie ihr mühelos und leicht, ohne zu versuchen, die Übung »perfekt« zu machen. Es kommt ja vor allem auf eine umfassende Einbeziehung Ihres ganzen Seins an.

Am Anfang lesen Sie die Anweisungen beim Üben mit. Wenn Sie sich sicher genug fühlen, können Sie Ihr Herz mit geschlossenen Augen aktivieren.

Position

Sitzen Sie bequem und entspannt, aber nicht schlaff. Halten Sie Ihre Brust weit offen, aber nicht starr, sondern gelöst. Es ist wichtig, die Brust nicht zu einsinken zu lassen; viele Menschen tendieren dazu, ihre Schultern zu weit nach vorne zu neigen. Lassen Sie die Schultern lieber sanft nach hinten fallen, so dass sich Ihr gesamter Brustbereich weit öffnet, als wollten Sie ihn der Welt darbieten. Sie werden spüren, dass die Erweiterung der Brust einen neuen Energiestrom freisetzt, der bis nach oben in den Halsbereich fließen kann. Das ist ganz natürlich und willkommen. Achten Sie darauf, dass Ihre Finger locker bleiben und die Handflächen offen sind, damit Sie in einem endlosen Fluss der Interaktion geben und empfangen können.

Schritt eins: Sinken Sie in Ihre Brust

Tun Sie einen tiefen Atemzug und atmen Sie danach langsam und tief weiter; entspannen Sie Ihren Körper mit jedem Atemzug. Bei dieser Aktivierung lernen Sie, wie Sie in den Brustbereich hineinsinken. Diese Verschiebung Ihres Gewahrseins, Ihres ganzen Seins zur Brust hin, sollte wirklich im Körper stattfinden, nicht nur im Kopf. Wir sind es gewohnt, immer vom Kopf auszugehen. Das ist sinnvoll: Unsere Augen und Ohren, unser Mund und Gehirn befinden sich dort; das bedeutet, dass der Kopf der Ort ist, von dem aus wir schauen, hören, sprechen und wahrnehmen. Spüren Sie aber auch, wie überlastet dieser Bereich ist: Sie denken und urteilen viel zu viel. Das kommt von einer *zu starken* Ausrichtung auf den Kopf.

Spüren Sie mit Hilfe von Atmung, Visualisierung, Intention und Gefühl, wie Sie langsam und sanft mit Ihrem Ichgefühl in den Brustbereich hinabsinken. Es ist, als ob Sie die ganze überaktive Energie vom Kopf in die Brust bewegen. Atmen Sie sanft in den Brustbereich hinein und fühlen Sie immer stärker, dass Sie hier sind.

Von Ihrem neuen Standpunkt in der Brust aus sind Gehirn, Augen, Ohren und Mund nur Werkzeuge und nicht das, was *Sie* ausmacht. Sie können Ihren Kopf jederzeit benutzen, aber Sie *sind* nicht Ihr Kopf. Spüren Sie, wie Sie Ihr Ichgefühl in die Brust legen, und gehen Sie alles in Ihrem Leben von hier aus an. Sie werden jetzt alles von der Brust aus betrachten und von dort aus reagieren.

Versuchen Sie, Ihren Sehsinn – wie ein Paar versteckter Augen – im Brustbereich zu erspüren. Allein mit diesen Augen schauen Sie tatsächlich auf die Welt in Ihnen und außerhalb von Ihnen.

Stellen Sie sich vor, Sie hätten Ihren Kopf »verloren« – als ob es anstelle Ihres physischen Kopfes jetzt bloß Leere gäbe. Fühlen Sie, wie Ihr »Kopf«, Ihr Hauptquartier, sich in Ihre Brust bewegt hat. Von hier aus sehen Sie nicht nur, hier hören und sprechen Sie auch. Was passiert, wenn Sie von hier aus alles anschauen? Welche Qualitäten von Sehen und Zuhören gehören zu diesem Bereich, und wie unterscheiden sie sich von Ihrem üblichen Sehen und Hören? Werden Sie entspannter? Blicken Sie freudiger, mitfühlender und nachsichtiger auf die Welt?

Versuchen Sie, eine bestimmte Herausforderung oder einen Konflikt in Ihrem jetzigen Leben von Ihrem neuen »Kopf« aus zu betrachten. Wie sehen Sie dieses Thema aus der Perspektive Ihres Herzens? Wie nehmen Sie andere – vielleicht jene, die Teil dieses Konflikts sind – von hier aus wahr? Wie sehen Sie Ihr Leben allgemein? Atmen Sie in Ihr neues Wahrnehmungszentrum hinein. Spüren Sie bei jedem Atemzug, wie sich die Brust auf Kosten des Kopfbereichs ausdehnt und sich immer weiter öffnet. Das ist kein zagender Bereich, den man verstecken und schützen sollte, hier ist Ihr stolzestes Zentrum. Wie weit können Sie es öffnen? Je weiter es wird, desto mehr wird der Kopfbereich von ihm »verzehrt« – und er entspannt sich in seiner neuen Position als Diener Ihres Herzens.

Schritt zwei: Wenden Sie Ihr Herz nach außen

Lassen Sie den Gedanken los, dass das Erwachen dieses Zentrums ein langwieriger Prozess sein muss. Tun Sie es einfach – jetzt! Normalerweise kehrt sich die gesamte Energie im Brustbereich nach innen: Man will sich behaupten und beschäftigt sich mit sich selbst. Nun aber, unterstützt durch die weit geöffnete Haltung Ihrer Brust, ändern Sie sanft die Richtung der Energie und fühlen, wie sich Ihre Brust der Welt öffnet. Sie entfaltet sich und breitet sich aus wie eine weit geöffnete Blüte. Sie will sich nicht verstecken und sich selbst genug sein. Sie will ihre Energie nicht für sich behalten, sondern ist bereit, in Verbindung zu treten, vollständig losgelöst; ihr Blick richtet sich nun auf die Welt.

Erkennen Sie: Dies ist der Ort, an dem Ihr wahres Selbst wohnt. Also ist es auch der Ort, an dem »Sie« vortreten, um die ganze Welt zu begrüßen. Spüren Sie, wie erleichternd diese neue Einstellung ist, denn die Brust ist der Welt zugewandt und nicht mehr eingefallen. Lassen Sie sich mit jedem Atemzug sanft öffnen und kommen Sie noch weiter hervor. Denken Sie nicht an die Folgen, und keine Angst vor emotionalen Reaktionen. Spielen Sie einfach energetisch mit ihr und lassen Sie es im Körper geschehen.

Schritt drei: Bekunden Sie die Absicht Ihres Herzens

Fassen Sie den klaren Entschluss, auch nach Ende der Aktivierung so offen zu bleiben. Hier zeigt sich Ihre Bereitschaft, in die Welt hinauszugehen und von innen heraus »ja« zu Ihrem Leben zu sagen. Dieser energetische Ausdruck, dieses tiefinnere »Ja«, sinkt in Ihre Brust und öffnet sie von dort aus wie eine Blüte. Dadurch werden alle subtilen Widerstands- und Schutzmechanismen auf der Stelle beseitigt, und gleichzeitig wird die überlastete und ineffiziente Denkmaschine entlastet. In seiner Rolle als Ihr neuer Kopf: Was weiß Ihr Herz heute? Gibt es etwas, auch nur eine einzige Sache, die es tief und ohne jeden Zweifel weiß? Bekunden Sie dieses Wissen.

Zum Schluss atmen Sie noch einmal tief in die Brust und kommen Sie langsam und allmählich aus der Meditation. Wenn Sie Ihre Augen sanft öffnen, bewahren Sie sich das Gefühl einer offenen Brust und eines nach außen gerichteten Flusses.

Sie haben vielleicht manchmal das Gefühl, dass sich Ihr Verstand dagegen wehrt, sich zu versenken und zu öffnen. Er möchte Sie vielleicht davon überzeugen, dass »es nicht der richtige Zeitpunkt ist, sich zu öffnen« oder er fragt: »Wozu soll das gut sein?« Denken Sie daran: Der Verstand ist wie ein König, der seine Herrschaft nicht abgeben will. Wer würde schon sein Königreich aufgeben? Geben Sie acht, dass Ihr Üben nicht zu einem Kampf mit dem Verstand wird. Da eine der Eigenschaften des Herzens ist, allumfassend zu sein, muss es nie wirklich kämpfen. Entspannen Sie sich einfach und finden Sie sich dort ein, wo Sie hingehören.

Die tägliche Ausführung dieser Aktivierungsübung wird schließlich dazu führen, dass sie zu einem natürlichen energetischen Impuls wird. Zuerst wird Ihr Herz versuchen, seine gewohnte Haltung und Richtung wieder einzunehmen, und Ihr Verstand wird schnell wieder überhandnehmen. Mit der Zeit wird diese Übung Sie jedoch dazu bringen, sich in Ihrem Gehirn nicht mehr recht zu Hause zu fühlen. Sie werden spüren, wie die Überaktivität in Ihrem Kopf abnimmt und die Ordnung in Ihrem Königreich wieder hergestellt wird; der unrechtmäßige König wird wieder ein folgsamer Diener, und der rechtmäßige König kommt wieder an seinen Platz.

Sie können Ihr Herz zu jedem beliebigen Zeitpunkt aktivieren, auch wenn es nicht durch diese Übung geschieht. Wenn Sie über etwas nachdenken oder wenn eine Entscheidung ansteht, sei sie groß oder klein, denken Sie daran, Ihr Sein in Ihre Brust sinken zu lassen, den Verstand mit all seinen Widersprüchen aufzulösen und zu sehen, was passiert, wenn Sie es von Ihrer neuen Mitte aus betrachten. Eine weitere Möglichkeit, die Magie des Herzens schnell in Ihrem täglichen Leben wirken zu lassen, besteht darin, die Energie aus der Mitte der Brust immer weiter auszudehnen. Ihre emotionalen und mentalen Zustände werden dieser Richtungsänderung bald folgen.

Das erste Herzgeheimnis: Herzweisheit
Ihr Herz weiß immer, was Ihr Verstand vergisst.

Unser Gehirn ist sehr oft von Zweifeln und Misstrauen übervoll. Dann fühlen wir uns verloren und verwirrt, nicht mehr sicher, was richtig und was falsch ist. So sehr wir auch hoffen, dass wir unserem Verstand vertrauen können, es schleichen sich immer wieder Zweifel ein. Was können wir tun? Wie können wir eine tiefe Gewissheit erreichen bei so vielen widersprüchlichen Gedanken in unserem Kopf? Bevor wir diese Frage beantworten, müssen wir ein paar Dinge über unseren Verstand und die Natur des Denkens wissen.

Der Verstand ist *von Natur aus* widersprüchlich. So ironisch es auch klingen mag, er ist nie »eindeutig«. Jeder Gedanke in die eine Richtung wird von einem Gedanken in die andere Richtung begleitet, jede Meinung von ihrer entgegengesetzten Meinung, und alles kann aus einer anderen Perspektive betrachtet werden. Nicht nur in Diskussionen haben wir manchmal eine gut begründete Gegenauffassung; sie bildet sich ständig in unserem Kopf, wo unsere Gedanken uns sehr effizient in fast allen Angelegenheiten und bei allen Themen überzeugen – und auch wieder vom Gegenteil.

Hinzu kommt, dass unser Verstand sehr starkem äußeren Druck ausgesetzt ist. Auch hier liegt es in seiner Natur: Der Verstand absorbiert Einflüsse leicht, weshalb er so schnell konditioniert werden kann. Vielleicht ringen Sie immer noch darum, Ihren Verstand von der Konditionierung der Kindheit, der gesellschaftlichen Moral und den Erwartungen anderer zu befreien.

Eine weitere Eigenschaft des Verstandes ist, dass es nicht seine Aufgabe ist, Ihnen zu sagen, was wahr oder wirklich ist. Seine Aufgabe ist es, zu lernen und zu registrieren, *wie* das Leben funktioniert. Da es um Funktionalität geht, können Sie Ihren Verstand konsultieren, wenn Sie sich daran erinnern müssen, wie Sie Ihr Auto fahren oder Ihre Zeit planen können. Versuchen Sie jedoch, seinen Rat in Sachen einzuholen, die wirklich wichtig sind – etwa die Bedeutung, den Zweck und den wahren Sinn Ihres Lebens –, dann ist Ihr Verstand vollkommen überfordert. Dann wird er Ihnen einfach alle möglichen »Vor- und Nachteile« aufzählen bis zu dem Punkt, an dem Sie noch zerrissener und innerlich mehr im Zwiespalt sind. Es wird alles sehr vernünftig erscheinen und zugleich ganz und gar nicht.

Natürlich kann niemand von uns Zweifel oder Verwirrung ganz vermeiden, und wir sollten gar nicht versuchen, einen so perfekten zweifel-losen Zustand zu erreichen. Manchmal ist es unerlässlich, Phasen der Unsicherheit zu durchlaufen, um eine Situation zu überwinden und den Sprung auf die nächste Stufe zu schaffen. Aber auch dann, in unseren dunkelsten Momenten, ist es wichtig, einen Anker zu haben, eine solide, unzerstörbare Gewissheit, sonst könnten wir in schiere Hoffnungslosigkeit versinken. Und es ist nicht der Verstand, der uns eine echte Lösung bieten wird. Der Verstand ist sehr gut darin, Probleme zu erkennen, aber nicht darin, eindeutige und gute Lösungen zu finden. Das Entscheidende ist, dass Sie, wenn Sie die Herzweisheit suchen, Sie sie an der richtigen Stelle suchen.

*

Hier kommt die erste geheime Kraft des Herzens ins Spiel: Ihr Herz *weiß* immer, was Ihr Verstand vergisst. Ich nenne das Herz den »Körper des Wissens«. Es ist das Zentrum in Ihnen, das die Wahrheit kennt, selbst wenn Ihr Körper vor Angst zittert, Ihr mentales Zentrum vollgestopft ist mit negativen Gedanken und Ihr emotionales Zentrum völlig durcheinander ist. »Wissen« ist etwas ganz anderes als »Denken«. Während das Denken immer Konzepte und Möglichkeiten in gegensätzlichen Paaren bietet, kann Wissen nicht mit dem einen oder anderen Gedanken gleichgesetzt werden. Es existiert unterhalb all der wabernden Gedanken. Im Gegensatz zu Gefühlen, Emotionen und Gedanken, gehorcht es nicht dem Gesetz des ständigen Wandels. Es ist wesentlich, dauerhaft und ewig. Unser Denken sagt uns, dass es so etwas nicht gibt, außer vielleicht bei einigen bewährten Naturgesetzen. Doch zu wissen, dass man ohne einen Schatten des Zweifels *wissen* kann, ist eine Kraft jenseits des Denkens. Natürlich kann sich Ihr Wissen entwickeln und erweitern und tiefer oder genauer werden. Doch im Grunde genommen ist es unzerstörbar. Es ist das, was unser Innerstes als »wahr« erkennt. Im Gegensatz zu Kenntnissen, die uns sagen, wie die Dinge funktionieren, ist Wissen unmittelbar: Es ist ein Gefühl für und ein Einblick in die Natur der Dinge. Es ist ungreifbar für lineares und logisches Denken, fast wie ein feines, stilles Lächeln in Ihrem Herzen.

Anders, als wir vielleicht *denken*, sammelt sich in unserem Herzen im Laufe des Lebens viel Wissen an. Dieses Wissen ist der »Nektar«, den wir aus den Blumen unserer verschiedenen Erfahrungen gewinnen. Tatsächlich wird die Weisheit, die wir aus unseren tiefsten Lebenserfahrungen mitnehmen, nicht durch flüchtige Gedanken beeinflusst. Aber ein noch größerer Teil unseres Wissens ist einfach hier, in unserem Herzen, unabhängig davon, was wir aus unseren Lebenserfahrungen wissen.

Dies ist die geheime Verbindung zwischen Kenntnissen und dem Erinnern. Während Kenntnisse etwas sind, das Sie sich aneignen und zu Ihrem Verständnis hinzufügen, fühlt sich Wissen viel mehr wie eine wiedererwachte Erinnerung an – wie etwas, das Sie immer schon gewusst haben, das Ihr Verstand jedoch vergessen hat.

Es gibt klare Anzeichen für dieses Wiedererwachen der schlummernden Erinnerung. Wenn Sie augenblicklich wissen, dass etwas wahr ist, erkennt Ihr Körper es physisch, und ein tiefes inneres »Ja« scheint von Ihren Zellen zu kommen, das Sie körperlich erfahren. Manchmal sind wir voller Tränen – schöne, glückliche Tränen, die direkt aus unserem Herzen kommen – als Antwort auf tiefere Wahrheiten.

Eine meiner Lieblingsgeschichten, die eine solche tiefere Wahrheiten birgt, ist die buddhistische Legende vom Eintritt der chinesischen Bodhisattva Quan Yin in den Himmel.[2]

Kaum hat die große Heilige ihren Körper verlassen, erhebt sich ihre Seele zu den goldenen Toren des Himmels. Sowohl vor als auch hinter den Toren erwartet sie eine Schar von Heiligen, Meistern und Engeln, voller Bewunderung für die Erleuchtung, die die »Göttin der Barmherzigkeit« auf Erden hinterlassen konnte. Quan Yin ist kurz vor dem Durchschreiten der Tore, aber etwas stört sie. Sie schaut unter ihre Füße und sieht den Planeten Erde voll Elend und Verwirrung. Sich völlig verlassen fühlende Wesen rufen nach Führung.

Da fragt sie die anderen großen Wesen: »Was wird mit all den leidenden Wesen geschehen?« und sie antworten: »Oh, sorge dich nicht um sie! Du hast deinen Teil getan. Sie werden viele Inkarnationen brauchen und durch Leiden lernen, um Buddhaschaft zu erlangen. Das kann viele Tausend Jahre dauern, wenn auch kosmisch gesehen eine relativ kurze Zeit. Irgendwann, eines Tages, werden sie sich uns alle in der Erleuchtung anschließen.«

Quan Yin hört ihre Antwort aufmerksam an und schaut dann wieder unter ihre Füße. Vom Verstand her versteht sie die Antwort sehr gut, aber ihr Herz weigert sich, sie gutzuheißen. Das sagt sie den anderen Meistern: »Ihr bittet mich, das Tor zu durchschreiten, aber wie kann ich einen Teil meines Körpers draußen lassen? Die Erleuchtung, die mir offenbart wurde, war die Wahrheit der Einheit. Alle diese Wesen unten sind meine Beine und Hände. Wie könnte ich ohne ein Bein oder eine Hand eintreten? Ich kann nur als ein vollständiges Wesen und mit einem ganzen Körper eintreten.

Deshalb werde ich das Tor erst durchschreiten, wenn alle fühlenden Wesen folgen können. Wir werden als Einheit eintreten.« Getreu ihrem Wort, hat die Bodhisattva nie diesen einen Schritt in den Himmel getan und bleibt für immer und ewig davor und wartet.

Wann immer ich diese Geschichte erzähle – die viele in der buddhistischen Mahayana-Tradition dazu inspiriert, bei einem Vortrag oder Seminar das bekannte »Bodhisattva-Gelübde« abzulegen –, sind die meisten Teilnehmer überwältigt und zu Tränen gerührt. Sie sind vielleicht nicht so reif wie der Buddha und in der Lage, eine so mutige und selbstlose Verpflichtung einzugehen, aber sie werden an eine tiefere Wahrheit über den Sinn und Zweck ihres Lebens erinnert. Sie weinen, weil ihr Herz die Wahrheit erkennt – durch die dicken Schleier ihres vergesslichen Verstandes hindurch.

Übung: Erkennen, was Sie wissen

Die folgende Übung ist der einfachste Weg, die Fähigkeit Ihres Herzens zum Erinnern und zum Wissen zu erkennen. Denken Sie an ein Ereignis oder einen Moment, an dem Sie etwas gehört, gelesen, gesehen oder erlebt haben, das Sie tief berührt oder sogar zu Tränen gerührt hat. Es war vielleicht eine Szene in einem Film, die Sie zum Weinen brachte, ein Vortrag oder eine Passage in einem Buch, die Sie bis ins Mark erschütterte, oder ein schöner Moment mit Menschen, der Ihnen so naheging, dass Sie tief bewegt waren. Sobald Sie sich an einen solchen Moment erinnern, schreiben Sie auf, was es war, auf das Sie so stark reagiert haben, und wie die Reaktion war (körperlich, emotional, energetisch und vielleicht spirituell). Fragen Sie sich: »An welche Wahrheit über den Sinn und Zweck des Lebens wurde mein Herz erinnert? Welches Wissen habe ich durch dieses Ereignis erkannt?« Wenn Ihnen mehr als ein Moment oder Ereignis einfällt, kann die Wiederholung der Übung Ihre Einsicht nur vertiefen und Sie auf die zweite Übung dieses Kapitels (Das Buch des Wissens) vorbereiten.

Wir alle haben Dinge erlebt, die in unserem Herzen Erinnerungen geweckt haben. Sobald die Momente abgeklungen sind, wiegen wir uns in dem irrigen Glauben, es seien bloß »Erfahrungen« gewesen, die jetzt Vergangenheit sind. Wir meinen, dass wir die Erfahrung erneut machen müssen, um dasselbe wieder zu erleben. Aber es sind nicht bloß vergangene Erfahrungen. Sobald Sie sich erinnern, ist wieder alles in den Zellen Ihres Körpers. Seltsamerweise gehen wir zwar davon aus, dass Traumata ungesunde Spuren in Seele und Körper hinterlassen, aber wenn es Momente gibt, in denen wir die tieferen Wahrheiten unseres Lebens erfahren, glauben wir, dass sie von den starken Strömungen des Denkens und Fühlens ausgelöscht werden. Die Wahrheit ist, dass Wissen viel mächtiger ist als die intensivsten Erfahrungen. Jedes Stück Wissen ist wie die Spur, die die Wellen des Meeres am Ufer Ihres Wesens hinterlassen haben.

Dieses Verstehen und Lernen nicht als »Wissen« zu begreifen, ist nicht sehr weise, und doch gibt es einen tieferen Grund für die Scheu, uns ganz auf dieses tiefinnere Wissen einzulassen. Wir glauben, als arrogant und besserwisserisch zu gelten, wenn wir Dinge zweifelsfrei wissen. Doch nicht zu wissen, macht uns nicht bescheiden, es verwirrt uns nur und macht uns unfähig, durch die vielen Stimmen hindurchzufinden, die von innen und außen auf uns eindringen. Die innere Gewissheit ist nicht Überheblichkeit. Es ist eigentlich eine Art stilles, unerschütterliches Vertrauen; eben das Gefühl, das die Beatles in dem Lied »Nothing's gonna change my world« eingefangen haben. Ihr Wissen richtet sich nicht gegen andere. Im Gegenteil, da Sie sich wirklich gewiss sind, muss diese innere Gewissheit nicht verteidigt oder gerechtfertigt werden.

Um sicherzugehen, dass diese innere Gewissheit Ihres Herzens stets bewusst und gegenwärtig ist, müssen Sie sich dies immer wieder vor Augen halten – ganz besonders, wenn Sie es am meisten brauchen, nämlich dann, wenn Ihr mentaler und emotionaler Zustand oder die äußeren Umstände diesem Wissen widersprechen und es infrage stellen. Das ist die tiefere Bedeutung des Klischees »dem eigenen Herzen folgen«. Wenn Sie dem Wissen Ihres Herzens beharrlich folgen, werden Sie sich immer weniger unter Druck gesetzt fühlen. Da diese innere Gewissheit so viel konkreter ist als Gedanken, Gefühle und Erfahrungen, ist dies der erste Schritt zur Unverletzlichkeit. Wenn Sie diese Gewissheit haben, können Sie trotz aller destruktiven Emotionen und Denkmuster an ihr festhalten. Selbst inmitten der größten Angst sind Sie in der Lage, friedvoll im Herzen zu ruhen. Hören Sie also auf Ihr Herz und antworten Sie auf diese Frage: »Was weiß ich? Was weiß ich sicher in meinem Herzen – mit einer Gewissheit, die kein Zweifel erschüttern kann?«

Um dies ehrlich zu beantworten, richten Sie Ihr Gewahrsein auf Ihr Herz. Dort finden Sie mit der Zeit eine verborgene, aber tiefe Überzeugung. Es ist vielleicht nicht die Art von Überzeugung, die Ihnen sagt, ob Sie auf dem Lebensweg nach rechts oder links abbiegen sollen oder welche Entscheidung Sie treffen sollten. Aber Sie werden sicher gesagt bekommen, was wirklich für Sie zählt, auch wenn Sie das aus Ihren Erfahrungen nicht ableiten können. Denken Sie daran, dass die schlafende Erinnerung des Herzens aller Erfahrung vorausgeht.

Die ersten Antworten sind vielleicht ziemlich abstrakt und beziehen sich in erster Linie auf allgemeine Wahrheiten über den Sinn des Lebens. Da es beim Wissen des Herzens, im Gegensatz zum Wissen des Verstandes, um das »Warum« und das »Wofür« geht – Warum sind wir hier? Was ist wirklich wichtig im Leben? –, ist dies ein guter Ausgangspunkt. Schließlich wird das, was Sie als wirklich erkennen, zum Kompass Ihres Herzens auch bei großen Entscheidungen in Ihrem Leben.

Übung: Das Buch des Wissens

Um den Schatz Ihres Wissens zu finden, schreiben Sie ein eigenes »Buch des Wissens«. Nehmen Sie ein schönes Notizbuch und fangen Sie an, die Dinge aufzuschreiben, die Sie in den Tiefen Ihres Seins wissen, langsam aber sicher. Lassen Sie sich Zeit. Auch wenn Sie sich zunächst mit nur einem Satz zufriedengeben, ist selbst ein einziger Satz des Wissens, der nie von Gedanken und Emotionen berührt werden kann, eigentlich sehr viel! Sie können Ihr Wissen aus Momenten und Ereignissen beziehen, in denen Sie etwas so Nahegehendes gelesen, gehört, beobachtet oder erlebt haben, dass es Sie zu Tränen rührte. Sie können sich auch an Dinge erinnern, die Sie immer schon gewusst haben, wenn auch ohne klaren Grund. Eine gute Möglichkeit, das Wissen des Herzens zu enthüllen, ist, die Augen zu schließen, sich zu entspannen und sich zu fragen: »Wenn ich ein allwissender Lehrer wäre, wie würde ich dann die Fragen meines Verstandes beantworten?« Hören Sie nun genau zu und schreiben Sie alles auf, was Sie sich selbst »lehren«.

Werden Sie sich immer mehr der »kleinen« Weisheiten bewusst, die Sie aus wichtigen Erfahrungen gewinnen. Diese Übung wird Ihnen die Momente der Erkenntnis in Ihrem täglichen Leben bewusst machen, die Sie sonst leicht übersehen oder geringschätzen.

- Wissen Sie, dass Sie eine Seele sind und nicht nur ein körperliches und sterbliches Wesen?
- Wissen Sie, dass etwas jenseits der Sinne existiert?
- Wissen Sie, dass Liebe eine unbesiegbare Macht ist?
- Wissen Sie, dass die Art Partnerschaft, die Sie jetzt haben, sich stets wiederholt?
- Wissen Sie, dass Sie in diesem Leben eine bestimmte Mission zu erfüllen haben?
- Wissen Sie, dass Wut durch Angst verursacht wird?
- Wissen Sie, dass die Befriedigung des Begehrens Ihre Seele nicht wirklich erfüllen kann?
- Wissen Sie, dass es einen Gedanken oder eine Emotion gibt, die Sie in diesem Leben überwinden müssen?

Schreiben Sie immer weiter an Ihrem Buch des Wissens, und mit der Zeit wird es immer mehr aus Ihrem Herzen kommen. Wann immer Ängste oder Zweifel Sie zu überwältigen drohen, lesen Sie darin, um sich wieder an dieses feine innere Lächeln zu erinnern. Es mag schwere Zeiten geben, aber mit diesem Buch an Ihrer Seite können Sie zuversichtlich in Ihrer Mitte bleiben. Spüren Sie, wie Ihr Wissen in der Dunkelheit leuchtet; in der Dunkelheit leuchtet sogar das kleinste Licht heller. Wann immer Sie Ihren Gedanken und Gefühlen zum Trotz an Ihrem Wissen festhalten, wird dieses Buch Wirklichkeit. Der

Tag wird kommen, an dem Sie dieses Buch in sich aufgenommen haben; dann sind Sie dieses Wissen. Das ist es, was man unter einer voll verkörperten Seele versteht.

Zweites Herzgeheimnis: Stark und verletzlich zugleich
Sie sind unzerstörbar, auch wenn Sie verwundbar sind.

Ihr Verstand kennt den Unterschied zwischen »verletzlich« und »zerstörbar« nicht. Er denkt, dass es offensichtlich ist: Wenn man verwundbar ist, kann man auch zerstört werden. Da das logisch klingt, entscheidet sich Ihr Verstand dafür, möglichst unverwundbar zu sein. Natürlich will Ihr Verstand Sie nur beschützen, denn seine Hauptaufgabe ist es, Ihnen in einer Welt voller Gefahren die Sicherheit zu bewahren. Er merkt sich, wann Sie verwundbar waren, wann Sie verlassen, abgelehnt, verraten oder zutiefst enttäuscht wurden. Da haben Sie sich nicht nur sehr verletzt gefühlt, sondern auch überaus schwach. Wir alle haben Angst davor, schwach zu sein. Es ist ein Überlebensinstinkt: Wir dürfen nicht zeigen, dass wir in einer feindlichen und übermächtigen Umgebung machtlos und wehrlos sind. Um diese Schwäche zu verbergen, legen wir eine Rüstung an, eine dicke Schutzschicht, mit der wir unser verletzliches Herz wappnen. Dann werden wir hart und reagieren auf Beleidigungen oder Kritik schnell mit Wut, Hass oder Rachsucht oder hegen einen Groll.

Ihr Verstand strebt danach, so stark und undurchdringlich zu werden, dass Sie nie verletzt werden können oder Schmerzen haben. Um diesen uneinnehmbaren Zustand zu erreichen, umgibt er das Herz mit einer Schutzmauer. Diese Mauer ist nicht nur eine Metapher. Sie können sie leicht in Ihrer Brust spüren, als eine dicke Schicht, die Sie von der Umwelt trennt und Ihr zerbrechliches Inneres schützt. Diese Mauer ist nicht unbedingt eine schlechte Idee. Wenn Sie intensive Emotionen und tiefe Enttäuschungen nur schwer bewältigen, ist es vielleicht ratsam, eine dicke Schutzschicht um Ihr Herz zu legen. Angesichts unseres Wissens um die Kräfte des Herzens sollten wir diese Strategie jedoch noch einmal überprüfen: Funktioniert sie wirklich? Fühlen wir uns tatsächlich sicherer, wenn unsere Herzen verschlossen sind?

Ein kurzer, ehrlicher Blick auf unsere Lebenserfahrung zeigt uns natürlich, dass diese Strategie nicht sehr gut funktioniert. Je mehr wir uns bedroht fühlen und uns verteidigen und schützen müssen, desto intensiver und tiefer spüren wir unsere eigene Verwundbarkeit. Am Ende macht uns der Versuch, unverwundbar zu sein, verletzlicher. Die große Ironie ist, dass, je mehr wir unser Herz zusammenziehen, desto mehr fühlen wir, dass es zusätzlicher ausgeklügelter Schutzmaßnahmen bedarf, und das führt dazu, dass wir zwar langsam aber sicher keinen Schmerz mehr spüren, aber auch anderes kaum noch. Wir werden vorsichtig und abgestumpft, sind selten verletzt, können aber auch nur wenig lieben.

*

Ihr weises Herz bietet eine andere Strategie. Mit dieser geheimen Kraft können Sie endlich die Mauer niederreißen: Verletzlichkeit ist Ihr Schlüssel zur Unzerstörbarkeit. Die Weisheit des Herzens glaubt nicht an die Mauer. In der Geschichte haben Mauern nie wirklich funktioniert, was auch für Ihre innere Mauer gilt. Aus der Sicht des Herzens ist klar, dass das, von dem wir glauben, es mache uns stärker, uns tatsächlich schwächer macht. Denn es ist so: *Was uns schwächer macht, macht uns tatsächlich stärker.*

Die Strategie des Verstandes beruht auf Widerstand. Er weigert sich, sich zu öffnen, weil er mögliche Enttäuschungen vermeiden will. Er strebt mit aller Kraft danach, den Schmerz der Enttäuschung und der Ablehnung möglichst gering zu halten, indem er andere Menschen auf Abstand hält. Andere könnten ja unsere Gefühlswelt durcheinanderbringen, wenn sie nicht für uns da sind. Die Strategie des Herzens hingegen beruht auf Liebe. Es vertraut und öffnet sich, auch wenn das zu schmerzhaften Erfahrungen führen kann. Es lässt sich auf den Schmerz ein, weil es weiß, dass es besser ist, Schmerz zu fühlen als nichts zu fühlen, denn es kennt das Geheimnis: Solange es offen bleibt, wird es nicht geschwächt, auch wenn es wehtut und ein wenig blutet. Tatsächlich wird es mit jeder Öffnung stärker, trotz Enttäuschungen und Verletzungen.

In Wirklichkeit ist es nämlich der Widerstand Ihres Verstandes gegen Schmerzen, der die vergangenen Erfahrungen so schmerzhaft macht, denn er prägt Ihnen dunkle und hässliche Bilder ein über das Leben und die Menschen. Erst als Sie als Reaktion auf den Schmerz Ihr Herz verschlossen haben, hat er von Ihnen Besitz ergriffen. Sich zu öffnen und in den Schmerz hineinzuatmen und sich ihm ganz hinzugeben hat in der Tat den Effekt, dass er dahinschmilzt und das Herz erfrischt wird und intakt bleibt. Dies ist die ausgezeichnete »Hingabe-und-Einschluss«-Herzpraxis: Wenn es keinen Widerstand gibt und Sie sich stattdessen entscheiden, sich noch weiter zu öffnen, werden Sie größer als der Zustand. Hineingenommen in Ihr Herz, löst der Zustand sich auf, ohne einen bleibenden Eindruck zu hinterlassen.

Übung: Machen Sie Ihr Herz biegsam

Setzen Sie sich ruhig hin, mit offenen oder geschlossenen Augen. Versuchen Sie, Ihr Herz so weit wie möglich zu öffnen, als ob Sie einen Muskel loslassen würden. Stellen Sie sich vor, wie Sie Ihre Brust bedingungslos öffnen. Wie fühlt es sich an? Denken Sie daran, dass Ihr Verstand Ihnen falsche Gefahrensignale senden könnte. Da Sie im Moment nicht wirklich in Gefahr sind, ignorieren Sie diese Signale einfach.

Jetzt machen Sie genau das Gegenteil: Versuchen Sie, Ihr Herz so weit wie möglich zu verschließen. Ziehen Sie Ihre Brust zusammen und bauen Sie eine Mauer, die Sie von der Außenwelt abschottet. Das sollte nicht allzu schwerfallen, tun wir es doch instinktiv, wenn wir den Schmerz einer möglichen oder tatsächlichen Ablehnung fürchten. Wie fühlen Sie sich, wenn Sie Ihr Herz verschließen – körperlich, emotional und geistig? Wie verhalten Sie sich, wie handeln Sie in der Welt, wenn Ihr Herz verschlossen ist?

Jetzt fragen Sie sich: In welchem dieser beiden Zustände habe ich mich mehr gemocht? In welchem fühlte ich mich gesünder und stabiler? Erkennen Sie: Das Öffnen Ihres Herzens dient nicht dem Wohl anderer. Es ist in erster Linie gut für Sie. Es ist der Zustand, in dem Sie sich selbst am meisten lieben. Beugen Sie noch einige Male Ihren Brustbereich und ziehen Sie ihn zusammen, bis Sie sich sicher genug fühlen, im offenen Zustand zu bleiben.

Allgemein gesagt, befindet sich das Herz in einem der folgenden drei Zustände:

Meistens geschlossen – Das ist es, wenn unser Verstand sagt, dass wir in unserem Leben schon zu oft enttäuscht und betrogen wurden, und so sorgen wir selbst bei Nahestehenden dafür, dass unser Herz meistens unverletzt, aber auch unberührt bleibt.

Halb offen – Das ist, wenn wir unser Herz öffnen und schließen, je nach den Umständen. Wir öffnen es bei bestimmten Menschen in einer sicheren Umgebung, aber auch nur dann, wenn sie nett zu uns sind. Die Öffnung ist von den Umständen abhängig und schwankt daher.

Im wesentlichen offen – Das ist dann nicht nur ein vorübergehender, sondern ein steter Seinszustand. Ein im wesentlichen offenes Herz schließt nie die Tür zu Vertrauen, Glauben und Kommunikation, trotz aller Enttäuschungen.

Der halboffene Zustand ist der häufigste: Das Herz öffnet sich nur, wenn die Situation sicher ist. Es ist der Verstand, der Ihnen rät, nur dann verletzlich zu sein, wenn es gute Gründe gibt, zu vertrauen. Diese Bedingtheit macht Sie jedoch schwächer: Sie bedeutet, dass sich Ihr Herz als Reaktion auf die jeweiligen Reize hin öffnet oder schließt, mögen sie auch noch so klein sein. Dies ist ein zerbrechliches Herz, das ständig nach Zeichen von Zuwendung und Anerkennung sucht und in ständiger Angst lebt, sie zu verlieren. Für das halb offene Herz sind tiefe Emotionen wie Liebe und Vertrautheit sehr empfindlich und können nur in einer geschützten und zugewandten Umgebung gelebt werden. Das halboffene Herz beruht auf dem wahrscheinlich größten Irrglauben um das Herz: dass es, weil es zerbrechlich ist, eine sichere Umgebung braucht und mit einer schwierigen oder feindlichen Welt nicht zurechtkommt. Wenn das Herz auf Schwierigkeiten stößt, zieht es sich hinter die Mauer zurück und lässt den Verstand an vorderster Front agieren und kämpfen.

Die geheime Kraft des Herzens sagt uns etwas ganz anderes: Liebe und Mitgefühl sind keine zarten, sondern unbesiegbare Kräfte, von gewaltigen kosmischen Wellen getragen. Sie brauchen keine sichere Umgebung, um sich zu zeigen; sie können stolz und offen zum Ausdruck gebracht werden, noch auf dem schrillsten und lautesten Marktplatz oder angesichts starker Gegenkräfte.

Probieren Sie diese Übung aus, wenn Sie das nächste Mal jemand kränkt oder wenn eine Kränkung unmittelbar bevorsteht. Halten Sie Ihr Herz offen, so wie bei der Übung des biegsamen Herzens. Sie werden den Impuls spüren, Ihr Herz zusammenzuziehen, aber entscheiden Sie sich, es nicht zu tun. Halten Sie den Fluss der Offenheit und Sanftheit aufrecht und sehen Sie, was daraus wird.

Wenn Ihr Herz offen bleibt, arbeiten Sie an jener unbewussten Erwartung, die Ihnen Schmerzen bereitet hat: dass andere Sie niemals enttäuschen dürfen. Es ist jedoch eine Tatsache, dass andere Sie hin und wieder enttäuschen; und dies spielt eine entscheidende Rolle für Ihre Herzentwicklung. Übersetzen Sie Ihre Enttäuschung in den Gedanken, dass diese Person Sie gar nicht hat kränken *wollen*, und halten Sie Ihr Herz in einem offenen und fließenden Zustand.

Öffnen Sie Ihre Brust vollständig für das Geschehen. Einverstanden mit dem Schmerz. Richten Sie Liebe auf die Person, die Ihnen Schmerzen bereitet. Sie werden bald feststellen, dass dieser Schmerz durch Sie hindurchfließt und sich in die größere Kraft der Liebe verwandelt.

*

Ihr Herz braucht keinen Schutz, es *ist* Ihr bester Schutz. Das Leben mit einem offenen Herzen ist nicht nur weniger anstrengend, als wenn man es verteidigen muss, es ist ironischerweise genau der Zustand, in dem einem nichts und niemand etwas anhaben kann. Wenn das Herz die Erwartungen loslässt und weit offen bleibt und sich bereiterklärt, bedingungslos zu fühlen, wird ein Punkt kommen, an dem es keinen Schmerz mehr empfindet, sondern nur noch Liebe. Da dieser Schmerz durch Ihre eigenen falschen Erwartungen verursacht wurde, werden Sie so selbstbewusst, dass Ihr Herz immer offen bleibt und sich nie schließt und so ständig den natürlichen Fluss von Güte und Mitgefühl aus Ihrem Herzen heraus ermöglicht.

Wir kommen noch einmal auf den Unterschied zwischen verletzlich und zerstörbar zurück. Verletzlichkeit bedeutet,

furchtlos die Tür zu Ihrem Herzen offenzuhalten. Ein liebevolles Herz, das nicht versucht, sich zu schützen, und unter allen Umständen für Erfahrung, Annahme, Liebe und Vergebung offen bleibt, ist ein unzerbrechliches Herz. Es gibt nichts, was es nicht einhüllen und einhegen kann, keine Kraft, die es nicht wegschmelzen kann, denn es willigt ein, aufzunehmen, was in es eindringt. Welcher Feind könnte ein solches Herz besiegen? Selbst der mächtigste Angreifer wird hilflos, wenn er mit aller Kraft versucht, anzugreifen, zu verletzen und zu zerstören. Die Liebe eines solchen Herzens hält es unversehrt. Wir können nur so lange verletzt werden, wie die Angst in unserem Herzen lebt. Aggression und Zerstörung nähren sich von unserer Angst, verlieren aber angesichts der Liebe all ihre Macht. Liebe und die Offenheit des Herzens bilden zusammen die gewaltigste Kraft der Welt – eine Kraft, die zunimmt, wenn wir in jenen Zeiten lieben, in denen es keinen Sinn zu haben scheint, sich zu öffnen. Wir fürchten, verletzt zu werden. Aber was kann passieren, wenn wir bereit sind, verletzt zu werden und uns der Liebe zu weihen, auch unter solchen Umständen?

Viele Menschen betrachten das Leben Jesu als ein perfektes Beispiel für das Heldentum des Herzens: die Art und Weise, wie er in dieser rauhen Welt lebte wie die zarteste Blume – weit geöffnet, entblößt und liebevoll. Glauben wir, dass diejenigen, die ihn gekreuzigt haben, ihn besiegt haben? Nein, wir wissen, dass das Herz Jesu nie gekreuzigt werden konnte, nur sein Körper. Du kannst kein Herz kreuzigen, dessen letzte Worte sind: »Vater, vergib ihnen, denn sie wissen nicht, was sie tun.«

Übung: Entfernen der Mauer

Eigentlich gibt es so etwas wie ein verschlossenes Herz nicht. Ihr Herz ist nie verhärtet worden, es war einfach von der Mauer des Verstandes eingeschlossen, hinter der es liebevoll glühend blieb. Eben deshalb hat Ihr Verstand Ihr Herz verschlossen: Er weiß, dass das Herz immer bereit, offen und unschuldig ist. Tatsächlich ist und bleibt Ihr Herz ein »Kind«. Es ist an der Zeit zu erkennen, dass diese kindliche Qualität Ihr Schlüssel zur Unzerstörbarkeit ist.

Üben Sie diese Visualisierung täglich mehrere Wochen lang.

Spüren Sie die Mauer, die Ihr Herz von der übrigen Welt trennt. Dann verschieben Sie Ihr Gewahrsein auf das Herz hinter dieser Mauer. Erkennen Sie, wie liebevoll es die ganze Zeit geblieben ist.

Stellen Sie sich nun vor, dass Sie die Mauer entfernen. Spüren Sie Ihr Herz im Offenen, freigelegt, ohne eines Schutzes zu bedürfen. Atmen Sie in diese totale Offenheit. Vielleicht ist es am Anfang nicht leicht, denn dieser Zustand ist neu, aber spüren Sie die tiefe Befreiung; schließlich hat Ihnen Ihr Herz gefehlt, und Ihr Herz hat Sie vermisst.

Bieten Sie Ihr Herz, golden und leuchtend, dem Kosmos und der Welt dar. Spüren Sie, wie diese Geste des Darbringens Sie tatsächlich größer macht – größer als das Leben und größer als jede Feindseligkeit, die Ihnen entgegengebracht wird – sei sie schwach oder stark.

Jeden Tag, an dem Sie diese Übung praktizieren, löst sanft die Schutzschichten des Verstandes, eine nach der anderen. Machen Sie Ihrem Verstand klar, dass seine Ängste es sind, die dem Herzen schaden. Treten Sie vor und erklären Sie: »Von nun an lasse ich mein Herz offen und beschließe, auch unter schwierigsten Bedingungen zu lieben.« Mit einer so mutigen Erklärung kann Sie nichts mehr verletzen.

Drittes Herzgeheimnis:
Freiheit durch Vergebung
Vergebung ist ein Wunder, das Sie frei macht

Im Zweiten Weltkrieg, als Eva Mozes Kor erst sechs Jahre alt war, wurde sie mit ihrer Zwillingsschwester Miriam und der übrigen Familie ins Vernichtungslager Auschwitz deportiert. Als Zwillinge erregten die kleinen Schwestern sofort die Aufmerksamkeit des berüchtigten Arztes Josef Mengele, der an den Lagerhäftlingen, insbesondere an Kindern und Zwillingen, tödliche Laborversuche durchführte. Während der Rest ihrer Familie getötet wurde, schafften es die beiden Mädchen zu überleben. Im Alter von 82 Jahren und mit amerikanischer Staatsbürgerschaft ist Eva Kor eine berühmte Erzieherin und Autorin geworden, die viele Menschen ermutigt, eine ihrer größten Herzkräfte zu aktivieren: die Vergebung. Wenn jemand Vergebung lehren kann, dann diese außergewöhnliche Frau, die bekannt wurde, als sie sich im Gerichtssaal an den 96-jährigen »Buchhalter von Auschwitz« wandte und ihm öffentlich vergab – mit einer Umarmung und Küssen.

Tatsächlich verzieh sie nicht nur ihm, sondern dem gesamten Nazi-Regime. In einer öffentlichen Erklärung sagte sie: »Ich, Eva Mozes Kor, eine Zwillingsschwester, die vor 50 Jahren die Experimente von Josef Mengele in Auschwitz überlebte, vergebe hiermit allen Nazis, die direkt oder indirekt an der Ermordung meiner Familie und Millionen anderer beteiligt waren.«[3]

Ihr Verstand kann natürlich die Logik hinter einer solchen bedingungslosen Vergebung nicht begreifen, die noch nicht einmal mit einer Forderung nach Reue verbunden war. Es ist Kors weises Herz, das von ihrer mutigen Tat berührt wird; es erkennt darin nicht nur die Schönheit, sondern auch den Sinn und den Wert. »Ich hätte nie gedacht, dass ich jemals jemandem vergeben würde«, bekannte sie in einem Interview. Doch als sie es wagte, diesen Schritt zu tun, »wurden mir die Schmerzen von den Schultern genommen. Ich war nicht mehr ein Opfer von Auschwitz. Ich war kein Gefangener meiner tragischen Vergangenheit mehr. Ich war endlich frei.« Sie erkannte, dass »Vergebung nicht mehr und nicht weniger ist als ein Akt der Selbstheilung und der Selbstbefähigung«. Jetzt ermutigt sie andere, dasselbe zu tun, und erzählt es leidenschaftlich ihrem Publikum: »Ich möchte, dass Sie wissen, dass jeder einzelne von Ihnen sehr mächtig ist. Sie haben die Macht zu vergeben. Niemand kann sie Ihnen geben und niemand kann sie Ihnen nehmen.«[4]

Eva Mozes Kor hat zwei große Geheimnisse wahrer Vergebung verstanden:

- Vergebung ist ein Akt der Stärke, nicht der Schwäche.
- Vergebung ist die Kraft, die die Ketten zerbricht, die Sie an die Vergangenheit und an Ihre Peiniger binden.

Auch wenn viele Menschen im Kopf wissen, dass sie verzeihen »sollten«, müssen sie, um das Verständnis und die Befreiung zu erreichen, zu der Kor gelangt ist, erst einmal verstehen, was Vergebung wirklich bedeutet. Es ist viel mehr, als das »Richtige zu tun«. Sobald wir das wirklich verstanden haben, wird es viel einfacher, von ganzem Herzen zu vergeben und sich durch diesen Akt zu verwandeln.

Der erste Schritt ist zu verstehen, warum Vergebung Stärke ist.

Für den Verstand sind die Aufrechterhaltung eines Grolls und das Festhalten an Gefühlen der Enttäuschung eine effektive Selbstverteidigungsstrategie, die er als eine Möglichkeit sieht, die erlittenen Schmerzen zu kompensieren. Indem er wütend und unnachgiebig bleibt, glaubt der Verstand, dass er eine Position der Stärke einnimmt, die ihm in der früheren Situation gefehlt hat. Sein Hauptargument ist, dass man ein zweites Mal verliert, wenn man von jemandem verletzt wird und ihm dann vergibt, während die andere Seite doppelt gewinnt. So sagt Ihnen Ihr Verstand, dass Sie gewinnen, wenn Sie nicht vergeben.

Die Strategien des Verstandes sind jedoch selten effektiv. In den meisten Fällen erreicht das Denken genau das Gegenteil von dem, was es erreichen wollte. In Wirklichkeit ist die unnachgiebige Schuldzuweisung überhaupt nicht ermächtigend. Vielmehr bleiben Sie in der Opferrolle und werden nur schwächer und innerlich zerfressen. Wenn Sie nicht vergeben, verlieren Sie zwei Mal.

Die Weisheit Ihres Herzens hingegen flüstert Ihnen zu, dass Sie, wenn Sie den Mut haben, alle Ressentiments hinter sich zu lassen und Ihr Herz für die Vergebung zu öffnen, sehr viel größer werden – größer als die verletzende Erinnerung und größer als der Peiniger. Deshalb erklärt Eva Mozes Kor, dass es nicht nur ein Akt der Selbstheilung ist, sondern auch ein Akt der Selbstbefähigung: Vergeben erweitert Ihr Wesen weit über die bisherigen Grenzen der Opferrolle hinaus. Mit Vergebung wird die zweite geheime Kraft des offenen Herzens noch deutlicher: Indem Sie Ihr Herz weit genug öffnen, um zu vergeben, werden Sie buchstäblich unbesiegbar.

Tatsächlich ist Vergebung ein solch starker Ausdruck der Stärke, dass sie tiefe Menschlichkeit und überweltliche Göttlichkeit verbindet. Der menschliche Teil unseres Herzens allein ist nicht in der Lage, das zu erkennen. Wenn wir bereit sind zu vergeben, schaffen wir eine direkte Verbindung mit dem göttlichen Teil unseres Herzens – mit einer Liebe und einer Fähigkeit, aufzunehmen und zu umschließen, die über das Menschliche hinausgehen. Wie Kor uns gemahnt: Niemand kann uns diese Kraft geben oder nehmen, nicht einmal Gott. Es ist die Göttlichkeit in uns, die sich durch einen solchen Akt zeigt.

*

Um dem menschlichen Teil Ihres Herzens zu helfen, seinen Groll loszulassen, müssen Sie verstehen, dass die Ursache Ihres Grolls in einer Erwartung liegt. Aus irgendeinem unerfindlichen Grund glauben wir, dass andere Menschen uns nicht enttäuschen, verraten oder verletzen sollten. Die Realität zeigt uns natürlich etwas anderes: Menschen, so scheint es, sollen uns unbedingt enttäuschen, verraten oder verletzen, zumindest manchmal. Wir neigen dazu, die Tatsache zu übersehen, dass auch wir für andere als jene Menschen wahrgenommen werden, die sie enttäuscht, verraten und verletzt haben. Was wir als sogenannten »Verrat« erleben, ist meist das Bedürfnis des anderen nach Selbstverwirklichung. In den meisten Fällen war es nicht gegen uns gerichtet, sondern einfach eine Entscheidung, die der andere in seinem eigenen Interesse getroffen hat. Wenn wir uns die Gelegenheiten genau ansehen, bei denen uns vorgeworfen wurde, einem anderen wehgetan zu haben, können wir die Wahrheit darin erkennen.

Übung: Erwartungen loslassen

Schreiben Sie eine Liste von zehn enttäuschenden Erfahrungen in Ihrem Leben mit Menschen und Situationen auf. Beschreiben Sie kurz, was sie getan haben und was genau Sie enttäuscht und verletzt hat. Erstellen Sie nun zwei Spalten; die linke Spalte heißt: »Dinge, die Menschen nie tun sollten« und die rechte Spalte: »Dinge, die Menschen manchmal tun müssen«. Wenn Sie zum Beispiel in der linken Spalte: »Väter sollten ihre Kinder nie ignorieren« schreiben, dann sollten Sie in der rechten Spalte »Väter müssen ihre Kinder manchmal ignorieren« schreiben.

Tatsache ist, dass Menschen manchmal solche Dinge tun müssen; das ist die Realität unserer Welt. Menschen tun nicht unbedingt Dinge direkt gegen Sie; sie handeln aus Unwissenheit oder einfach, weil sie ihre Interessen verfolgen. Denken Sie daran, dass es Sie nur schwächer macht, wenn Sie mit diesen Realitäten hadern. Fragen Sie sich mit jeder Ihrer Aussagen und ihrem entsprechenden Gegenstück: »Was ist die Realität, die ich annehmen muss?« Und nachdem Sie diese Frage beantwortet haben, schauen Sie in Ihr Herz und fragen: »Was geschieht in meinem Herzen, wenn ich diese Realität annehme?«

Was Eva Mozes Kor erfuhr und was auch Ihre entscheidende Erkenntnis sein kann: Durch die magische Kraft der Vergebung können Sie sich völlig von der Vergangenheit befreien.

Indem Sie sich über den großen Schmerz, verletzt worden zu sein, erheben und nicht mehr das Opfer sind, befreien Sie sich ganz und gar von der Erinnerung und ihren emotionalen Auswirkungen. Sie lösen sich von jeglicher Prägung, die von einer solchen Erfahrung zurückbleibt, und lösen sich energetisch vom Täter – dem *sogenannten* Täter. Viele Menschen versuchen, sich von vergangenen Erfahrungen zu lösen, die ihnen nachhängen, aber solange sie in ihrer Opferhaltung verharren, ist es praktisch unmöglich, sich wirklich zu befreien. Auch im Alter von 50, 60 oder 70 Jahren können Menschen noch darunter leiden. Sie grübeln und fühlen sich verletzt, wenn sie sich an bestimmte Ereignisse oder Menschen aus ihrer frühen Kindheit erinnern. Sie leben so sehr in der Vergangenheit, dass sie diesen Schmerz scheinbar mit ins Grab mitnehmen wollen. Vergebung ist der *einzige* Weg, der Kettenreaktion der Vergangenheit ein Ende zu setzen und im Jetzt frei zu sein.

Dies ist ein subtiles energetisches Prinzip: Indem wir einen Groll hegen, bleiben wir an den Täter gebunden. In dieser Hinsicht ähneln Liebe und Hass sich sehr – beide sind starke Emotionen, die die Kraft haben, eine starke Verbindung zwischen unserem Energiefeld und dem eines anderen Menschen aufzubauen. Ironischerweise teilen wir dann den Rest unseres Lebens mit jenen, die uns so übel mitgespielt haben.

Der Prozess der Vergebung besteht aus zwei Schritten, die ich »einen Schnitt machen« und »ins Herz schließen« nenne. Zuerst durchtrennen Sie die Verbindung zu Ihrem Peiniger. Indem Sie sie lösen, befreien Sie sich. Wir denken oft, dass unsere Vergebung gut für andere ist, aber in Wirklichkeit ist sie in erster Linie gut für uns. Wir sollten verstehen, dass unsere Vergebung den anderen Menschen nicht aus der Verantwortung entlässt. Vielmehr befreit sie uns von unserer eingebildeten Verantwortung für den anderen und sein Schicksal. Wir sind nicht des anderen Richter! Wenn wir andere verurteilen, verurteilen wir letztlich uns selbst zu lebenslangem Gefängnis – für immer eingesperrt in unserer Erinnerung und in der Opferrolle.

Sobald Sie die ungesunde Bindung durchtrennt haben, dehnt sich Ihr Herz so weit aus, dass es viel Platz für den anderen und das vergangene Ereignis hat. Von diesem großzügigen Standpunkt aus betrachtet, schließen Sie den anderen in Ihr Herz. Das bedeutet, dass Sie keinen Feind mehr haben. Der Feind existierte nur, als Sie klein und schwach waren.

Ihr Herz liebt es, zu vergeben. Der Grund, warum es das Vergeben liebt, ist nicht Moral – die gehört zum Verstand. Der Grund ist, dass es weiß: Sobald es die Magie der Vergebung aktiviert, hat es die Möglichkeit, frei zu werden; so frei, wie nicht einmal das von Herzen kommende Bedauern der anderen Person es könnte. Dieses tiefe Loslassen, diese magische Art des Vergessens erfüllt Sie mit so viel Freude, dass Sie es immer wieder tun werden.

Doch es gibt noch einen weiteren Grund, warum das Herz es liebt, zu vergeben. Wenn Sie den Gedanken an Rache und seine fehlgeleitete Kraft loslassen, können Sie den anderen so sehr lieben, dass Sie fähig werden, auch sich selbst voll und ganz zu lieben. Vergebung gibt Ihre göttliche Essenz frei und offenbart Ihre Schönheit und Reinheit. Während Verbitterung zutiefst quälend ist, spiegelt der Zustand der Vergebung den größten und liebenswertesten Teil von Ihnen wider.

Sagen Sie nicht, dass es Ihnen unmöglich ist, zu vergeben, weil Ihr Fall besonders schmerzhaft ist. Denken Sie immer an jene Menschen – Menschen wie Sie und ich –, die viel schlimmere Missetaten vergeben haben. Wenn Eva Mozes Kor einem Nazi in die Augen sehen und ihm vergeben konnte, können Sie dasselbe mit Ihren Eltern, Partnern oder anderen, weit weniger schlimmen Feinden tun.

Denken Sie immer daran, dass Sie, indem Sie ihnen vergeben, sich selbst die Möglichkeit eröffnen, ein wirklich neues Leben zu beginnen. Wenn Sie für Ihre gegenwärtigen und zukünftigen Beziehungen offen sein wollen, sollte Ihnen klar sein, dass das nicht geht, wenn Sie der Vergebung ausweichen. Das Misstrauen und die Angst vor Schmerz, die Ihnen eingeprägt wurden, würden Sie weiter verfolgen und Ihre Fähigkeit zu lieben und zu vertrauen beeinträchtigen.

Andererseits, wenn Sie in der Lage sind, jemandem ganz und gar und aufrichtig zu vergeben, werden Sie keine Enttäuschung mehr fürchten, da Sie wissen, dass Sie wieder vergeben können; Sie haben die Kraft Ihres Herzens für immer entfesselt. Um also ganz in der Gegenwart zu sein, lassen Sie Ihr Herz Ihre Vergangenheit auslöschen.

Übung: Aktiv vergeben

Kehren Sie zur Liste der zehn enttäuschenden Erfahrungen aus der vorherigen Übung zurück und verwenden Sie sie, um eine Liste all jener Menschen zu erstellen, denen gegenüber Sie einen Groll oder ein Gefühl der Enttäuschung hegen. Wenn Ihnen jetzt noch weitere Instanzen oder Personen in den Sinn kommen, fügen Sie sie der Liste hinzu.

Auch wenn Sie denken, dass Sie ihnen bereits mehr oder weniger vergeben haben oder dass Sie die Chance hatten, im Laufe eines therapeutischen Prozesses einen Weg zur Vergebung zu gehen, nutzen Sie jetzt diese Gelegenheit, von ganzem Herzen zu vergeben. Inspiriert von der Einsicht, dass Vergebung die Kraft ist, die Sie befreit, lassen Sie diese Menschen gehen – und lassen Sie sich dabei gehen.

Vergeben Sie ihnen nicht widerstrebend, sondern mit Freude. Lassen Sie Ihr Herz sie in Liebe einhüllen. Ob es »gerecht« ist oder nicht, ist unwichtig. Im Spiel des Lebens ist die Frage, wer Recht hatte, wenig hilfreich und oft auch gar nicht zu klären. Was wirklich zählt, ist, ob **Sie** hier und jetzt frei sind und ob Sie sich einen neuen Weg bahnen.

Sie können dies tun, indem Sie einen liebevollen Brief an die betreffenden Menschen schreiben, oder zumindest an die wichtigsten Personen auf Ihrer Liste. Sie brauchen Ihren Brief nicht wirklich zu versenden, da es hier nicht um den anderen geht, sondern um Sie. Wenn Sie sich einer noch tieferen Befreiung unterziehen möchten, bitten Sie jemanden, dem Sie vertrauen, in einer Übung Ihren »Täter« zu vertreten. Bitten Sie ihn, mit geschlossenen Augen vor

Ihnen zu sitzen, und Sie behandeln ihn 15 bis 30 Minuten lang so, als wäre er wirklich diese Person. Sprechen Sie ohne Unterlass mit ihm. Es ist absolut in Ordnung, in diesem Prozess über Ihre Vorbehalte zu sprechen und die Schwierigkeit, wirklich zu vergeben. Dies ist Teil einer solchen Herzerweiterung. Wer weiß, vielleicht wird auch Ihr Partner durch die Übung angeregt und bittet Sie, ihn bei seinem eigenen Prozess der Selbstbefreiung zu helfen.

Sie wissen, dass Sie Erfolg hatten, wenn sich Ihr Herz nicht mehr zusammenzieht, wenn Sie an den Menschen denken, der Sie verletzt oder enttäuscht hat. Wenn Sie sagen können: »Ich habe gegenüber diesem Menschen nichts außer Liebe in meinem Herzen«, heißt es, dass Sie frei sind.

Das vierte Herzgeheimnis: Die Fähigkeit zu lieben
Ihr Herz braucht keinen Prozess, um lieben zu können

»Bevor ich anderen etwas geben kann, muss ich selbst heil werden und genug Liebe bekommen« – wie oft habe ich dies von Menschen gehört, die sich selbst weiterentwickeln wollen! Doch so logisch es auch klingen mag, dieses Prinzip: erst muss ich etwas bekommen, dann kann ich auch etwas geben, ist in Wirklichkeit einer der größten Irrtümer über das Herz.

Wieder einmal ist es der Verstand, der uns einredet, dass wir, um lieben und geben zu können, erst einen langen und intensiven Prozess der Heilung durchlaufen müssen. Bevor wir aus unseren begrenzten Reserven schöpfen, um anderen zu geben, müssen wir uns erst selbst gut fühlen. Wir müssen Liebe bekommen, um sie uns selbst zu geben und tiefsitzende Traumata und emotionale Wunden zu heilen. Wir haben allgemein das Gefühl, dass »wir eines Tages bereit sein werden zu lieben« – aber jetzt noch nicht, heute noch nicht.

Inzwischen werden Sie diesen Selbstbetrug mit ziemlicher Sicherheit durchschaut haben: Wir schieben es vor uns her, weil wir Angst haben, derjenige zu sein, der alles gegeben hat, aber am Ende ohne alles dasteht. Da Sie selber so arm sind, argumentiert der Verstand, ist es nicht fair, anderen zu geben, da Sie doch selbst nicht genug haben.

Ihr Verstand ist berechnend. Er behandelt Ihre emotionalen Vorräte an Liebe und Hingabe, als wären sie Ersparnisse in einem Tresor, und zugleich geht er bei anderen betteln und tut, als ob er arm wäre. Wenn Sie tun, was Ihr Verstand sagt, fühlt sich Ihr Herz stets leer an, und Ihr Bedürfnis, geheilt zu werden und Liebe zu bekommen, fühlt sich an wie ein bodenloser Abgrund.

Natürlich steckt immer etwas Wahrheit in dem, was der Verstand sagt. Es ist ziemlich offensichtlich, dass der »menschliche« Teil unseres Herzens, der Teil, der auf dem Weg manche schwierige Erinnerung gesammelt hat, eine gewisse Erneuerung und Zuwendung benötigt. Ein Heilungsprozess ist unerlässlich, damit wir schließlich zu emotionaler Reife gelangen. Um mit anderen auf eine solide und stabile Weise kommunizieren zu können, müssen wir uns in uns selbst unabhängig und vollständig fühlen.

Doch selbst wenn wir eine solche Befreiung von der Vergangenheit und emotionale Reifung brauchen, sollte uns das nicht hindern, Liebe zu geben. Die berühmte Heilige Mutter Teresa ist ein inspirierendes Beispiel. Diese Frau, die trotz aller Kontroversen um sie einer der großherzigsten Menschen war, fühlte sich in ihrem geistlichen Leben von Gott verkannt und ungehört. Ihre Briefe, die nach ihrem Tod veröffentlicht wurden, vermitteln eine tiefe Frustration, dass sie, ganz gleich, wie viel sie gab, in ihrem Inneren nur Stille, Leere und Dunkelheit fand.[5] Gleichzeitig verkündete sie voll Vertrauen: »Intensive Liebe nimmt nicht Maß, sie gibt nur.«[6] Obwohl ein Teil von ihr emotional immer noch verwundet war, war sie durchaus in der Lage, Liebe zu geben. Es ist klar, dass Mutter Teresa die erstaunlichste geheime Kraft des Herzens kannte: die Fähigkeit, zu lieben und jederzeit zu geben, ohne dass man sich vorher selbst um die eigene Heilung und Vervollkommnung bemühen musste.

*

Es gibt einen Teil unseres Herzens, der jederzeit für die Liebe bereit ist. Das bedeutet, dass sich Ihr Herz hier und jetzt öffnen kann. Sie müssen diesen Teil nur erwachen lassen. Wir kennen das alle. Jede Mutter weiß, dass sie in ihrem Herzen immer einen Platz für ihr weinendes Baby finden kann, auch wenn sie völlig erschöpft ist. Jeder Therapeut kann bestätigen, dass er es, auch wenn sein eigenes Leben voller Krisen und Konflikte ist, auf wundersame Weise schafft, die eigenen emotionalen Kräfte neu auszurichten, sobald er mit einem Patienten arbeitet. Bei Schwierigkeiten und in der Not können völlig Fremde in ihrem Herzen genug Mitgefühl und Mut finden, um sich gegenseitig zu helfen – auch wenn sie nicht erst einen Heilungsprozess durchlaufen haben.

An einem sonnigen Tag wanderte ich mit der Familie und Freunden in einem Wald. Meine Tochter, damals sieben Jahre alt, lief und sprang mit einer ihrer engsten Freundinnen, die zwei Jahre jünger war, vor uns her. An einem bestimmten Punkt hielten sie inne und zögerten vor einem schattigen Weg, der ihren kindlichen Augen unheimlich vorkam. Das jüngere Mädchen sagte zu meiner Tochter: »Es geht nicht, ich kann diesen Weg nicht gehen.« Obwohl auch meine Tochter verängstigt war, bezog sie plötzlich Kraft aus einem unbekannten Teil von sich, übernahm die Verantwortung für die gefährliche Reise und antwortete, die Freundin fest an die Hand nehmend: »Keine Sorge. Ich werde mich um dich kümmern.«

Das Herz ist wie eine Rettungsstation, in der all die Eigenschaften bewahrt bleiben, die Ihrem Verstand zufolge fehlen. Sie sind da, wenn man sie am meisten braucht: Mut, Glaube, Entschlossenheit und vor allem Großzügigkeit. Deshalb können Sie jemanden in Not jederzeit auffangen, ihn beschützen und ihm zu essen geben, auch wenn Sie selbst sich fühlen wie ein verlorenes Kind.

Übung: Fülle in Ihrem Herzen finden

Denken Sie an jemanden, den Sie eben jetzt lieben, dem Sie dienen können – unabhängig von Ihren derzeitigen Umständen. Es könnte Ihr Kind oder Hund, Partner oder Elternteil, ein lieber Freund oder Patient, jemand, den Sie bewundern, oder sogar ein göttliches Wesen sein.

Schließen Sie Ihre Augen und gelangen Sie so intensiv wie möglich in Ihre Fähigkeit zu lieben und zu dienen. Spüren Sie, wie Ihr Herz wärmer und voller wird. Visualisieren Sie die Person und spüren Sie, wie sich Ihr Herz mühelos öffnet.

Nach ein paar Minuten, wenn dieses Gefühl Sie vollständig erfüllt, hören Sie auf, sich die andere Person vorzustellen und konzentrieren Sie sich nur auf das Gefühl. Lassen Sie es wachsen und sich ausdehnen, bis es Ihren ganzen Körper und Ihr ganzes Wesen durchdringt.

Bitten Sie nun das Gefühl, Sie zu seinem Ursprung zu führen; das ist Ihre Verbindung zur Fülle Ihres Herzens. Folgen Sie einfach dem Gefühl bis zum Ursprung, bis Sie es schaffen, diese natürliche Kraftquelle zu nutzen. Es kann sich anfühlen wie ein kühler See aus Süße und Güte oder wie ein brennendes Feuer der Liebe. Tauchen Sie für etwa fünf Minuten in diese erfrischende Quelle oder in dieses ermächtigende Energiefeld ein. Dann öffnen Sie, langsam und sanft, Ihre Augen.

Dies ist keine bloße »Übung«. Es ist vielmehr die Erinnerung daran, dass Ihr Herz in diesem Moment weiß, wie man liebt. Sie erlauben einfach diesem besonderen Teil Ihres Herzens – der nicht geheilt werden muss, da er nie gebrochen oder verwundet wurde – sich auszudrücken. Das ist die wesentliche Eigenschaft unseres Herzens, seine wahre Natur.

Wir müssen erkennen, dass das Herz Fülle *ist*. Doch die Menschen erleben oft das Gegenteil – ein leeres Gefühl in der Mitte ihrer Brust, als wäre es dort hohl. Dieses Gefühl ist nicht der wahre Zustand des Herzens, sondern eine Loslösung von ihm, verursacht durch die Entscheidung, um das Herz herum eine Mauer zu errichten und es zu umschließen. Wenn Sie das Herz hinter der Mauer erreichen, werden Sie finden, dass es überläuft und begierig ist zu lieben und zu geben.

Solange wir glauben, dass unser Herz erfüllt und wertgeschätzt sein muss, um »voll« zu sein, werden wir dieses seltsame leere Gefühl in der Brust haben.

In Wirklichkeit ist das Herz nie wirklich abhängig, befindet sich niemals in einem »Wartezustand«, denn von Natur aus ist es eine *Quelle*. Ständig fließt ein ununterbrochener Strom von tiefen Emotionen aus dem Herzen – ironischerweise genau die Emotionen, die man von seiner Umgebung zu bekommen hofft.

Dieses Energiefeld, das in Ihrer Brust schlägt, ist die Quelle dessen, was ich »nicht-kausale Emotionen« nenne. Normalerweise werden unsere Emotionen als Reaktion auf Ereignisse und Menschen erlebt. Wenn uns zum Beispiel jemand Zuneigung entgegenbringt, scheint sich unser Herz zu »öffnen« – oder genauer gesagt, unser Verstand erlaubt es, dem immer offenen Herzen kurzzeitig sich zu zeigen. Unser Herz ist ein fortwährend strömender emotionaler Fluss. Es ist bereits voll von Süße und Wärme, Schönheit und Liebe, Bedeutung und Zufriedenheit.

In Platons »Symposion« hält der Komödiendichter Aristophanes eine Rede über die Liebe und schreibt die Geschichte, wie der Mensch zunächst ein komplexes Wesen war, mit zwei Gesichtern, vier Händen und vier Beinen. Da der Mensch zu mächtig wurde, beschloss Zeus, ihn in zwei Hälften zu schneiden und so Mann und Frau zu schaffen, die sich ständig danach sehnen, zu ihrer ursprünglichen Einheit zurückzukehren. Ihre wesentliche Erfahrung ist es, »nur halb« zu sein.[7] Auch wenn diese Geschichte lustig ist und dem Gefühl des Mangels und der Sehnsucht entspricht, das viele haben, ist das Herz nie »nur halb«. Es ist vollständig und in sich selbst verbunden und bringt aus seinem Inneren alles hervor, was nötig ist, um die Emotionen zu »nähren«.

Es ist der Verstand, der von einem ihm innewohnenden Gefühl des Mangels getrieben wird. Im Gegensatz zu dem alles bedenkenden Verstand mit dem berechnenden Geben und Nehmen, ist das Herz ruhig und entspannt und sich seines beträchtlichen Wertes bewusst. Wir alle verbinden »Großherzigkeit« intuitiv mit dem Herzen, aber wir glauben, sie sei etwas, das wir erst entwickeln müssen; dabei ist sie die Natur des Herzens selbst.

Kennen Sie Geschichten von Menschen, die fast nichts besaßen und trotzdem unglaublich freigiebig waren? Anders als Ihr Verstand Sie glauben machen will, hat Freigiebigkeit nichts mit Reichtum zu tun, denn sie ist in Ihrem Herzen, ganz gleich, was Sie dabei gewinnen oder verlieren. Sobald wir erkennen, dass es niemals zu entschuldigen ist, nicht zu lieben, fangen wir an, diese unglaubliche Wahrheit zu verstehen: Unser Herz ist offen, auch wenn es sich verschlossen anfühlt. Wir erkennen dies immer dann, wenn es Streit gibt oder Spannungen und wir uns entscheiden, unser Herz zu verschließen – tief drinnen wissen wir, dass wir uns öffnen könnten, wenn wir es nur wollten. Es flüstert in unser Ohr. Doch manchmal wollen wir einfach nicht darauf hören, denn dann würden wir die Auseinandersetzung »verlieren«. Den einzigen Verlust erleiden jedoch wir selbst: Wir verpassen wieder eine Gelegenheit zu lieben.

Wenn Sie erkennen, dass das Herz kein bedürftiger und hungriger Ankerplatz von Emotionen ist, sondern eine vollständige Einheit, müssen Sie in Beziehungen nicht mehr berechnend sein. Sie können ruhig auf einige Ihrer verborgenen Vorräte an Liebe zurückgreifen und anfangen, sie großzügig zu teilen. Dies ist ein inneres Gesetz: Je mehr Sie geben, desto mehr wird diese natürliche Fülle offenbart und aktiviert.

*

Wenn es einen *wirklichen* Weg zu emotionaler Reife gibt, liegt er gewisslich darin, allmählich zuzulassen, auf diesen Teil unseres Herzens zurückzugreifen, ohne Angst, dass unsere Geschichte als Wesen mit einem *Bedürfnis* nach Liebe zu Ende ist, wenn wir die Liebe fließen lassen.

In gewisser Weise ist es wahr, dass wir Liebe brauchen – aber weniger, um sie zu empfangen, sondern mehr, um sie zu geben; um sicher zu wissen, dass wir sie im Überfluss in uns haben; um sie als Teil von uns selbst zu spüren. Schließlich erfährt das Herz Fülle nicht, wenn es etwas bekommt, sondern wenn es alles gibt, was in ihm ist und darauf wartet, genutzt zu werden.

Wir alle dürsten nach Liebe in unserem Leben – aus gutem Grund. Doch unser berechnender Verstand sagt uns, dass der einzige Weg, sie zu bekommen, darin besteht, Liebe von außen zu fordern. So versäumen wir, das Herz als natürlichen Quell der Liebe zu sehen und verwechseln den intensiven,

brennenden Wunsch nach Liebe mit dem Bedürfnis, geliebt zu werden. Wenn wir ehrlich sind, werden wir uns früher oder später eingestehen, dass dieses Bedürfnis niemals erfüllt werden kann, denn es ist ein falsches Bedürfnis. Selbst wenn wir Liebe bekommen, fühlen wir uns unzufrieden und unsicherer als zuvor. Wenn Ihnen jemand hundert Mal am Tag sagte: »Ich liebe dich«, würden Sie sich immer noch »hungrig« fühlen, denn dies ist nicht, was unsere Seele nährt.

Die wahre Nahrung des Herzens ist, zu geben. Es liebt es, zu geben, weil es ein Zentrum der Zuneigung und Hingabe ist. Deshalb werden Sie, selbst wenn Sie sich einer sehr intensiven emotionalen Therapie unterziehen, am Ende wieder in dieser Realität des Herzens landen, hier und jetzt.

Übung: Täglich die Fülle des Herzens aktivieren

Wann immer Sie das Gefühl haben, Ihr Herz sei »verschlossen«, nehmen Sie Verbindung mit diesem inneren Reichtum auf. Halten Sie inne und visualisieren Sie Ihr offenes und freiliegendes Herz, wie es hinter der Mauer schlägt. Dies kann Ihnen helfen zu erkennen, wie reich es ist und wie sehr es lieben will. Wenn Sie das Gefühl haben, es sei unmöglich zu lieben, versuchen Sie, eine bewusste Entscheidung zu treffen, aus dieser Fülle an Liebe heraus zu handeln. Halten Sie die Handfläche Ihrer rechten, Ihrer gebenden Hand weich und entspannt, um die Energie des Teilens fließen zu lassen. Sie können sogar freiwillig eine Auseinandersetzung »verlieren«, indem Sie die Großherzigkeit »gewinnen« lassen.

Selbst wenn Sie das Gefühl haben, einen großen Bedarf an Selbstheilung zu haben, stellen Sie sicher, den Fluss aus dem Herzen nicht zu blockieren. Geben Sie jeden Tag ein wenig – eine Blume, ein Gedicht, ein großzügiges und ermutigendes Feedback – und Sie werden bald erkennen, dass dies die Heilung stärker voranbringt.

Wenn Sie den Mut dazu haben, versuchen Sie für eine gewisse Zeit, etwa eine Woche oder einen Monat, sich nur auf das Geben zu konzentrieren. Dann sehen Sie, was passiert: Abgesehen von den Warnsignalen Ihres Verstandes, haben Sie wirklich etwas verpasst? Hat es Ihrem Herzen wirklich an etwas gefehlt?

Wenn Sie das Bedürfnis verspüren, geliebt, wertgeschätzt oder anerkannt zu werden, schreiben Sie es auf und übersetzen Sie Ihr Bedürfnis dann in das, was Sie in dieser

Situation geben können. Zum Beispiel kann: »Ich muss wahrgenommen werden« in: »Ich will andere mehr wahrnehmen« verwandelt werden oder zu: »Man soll an mir die Fülle wahrnehmen, die ich in der Welt um mich herum verbreite.«

Wenn Sie das alles tun, werden Sie bald Gefühle des Glücks erfahren, denn Sie haben den Schlüssel zu dem Geheimnis gefunden, das Ihr Herz Ihnen die ganze Zeit zu offenbaren versucht hat: Es war bereit zu lieben, auch wenn Sie glaubten, dass es das nicht war.

Das fünfte Herzgeheimnis: Emotionale Transformation

Ihr Herz hat die mächtige Fähigkeit, jede innere Kraft zu transformieren.

Als spiritueller Lehrer, der Tausenden auf ihrer Reise zu persönlichem Wachstums helfen durfte, bin ich immer wieder auf eines der größten Probleme gestoßen, die heute mit der inneren Transformation verbunden sind: die große Kluft zwischen dem, was wir mental verstehen, und unserer emotionalen Realität.

Während unsere mentale Entwicklung ein beeindruckendes Niveau erreicht hat und viele Menschen in der Lage sind, tiefe Einblicke zu gewinnen, bleiben ihre grundlegenden Emotionen unverändert. Die Folge ist, dass die Menschen verstehen, wie sie »reagieren« und sich verhalten sollten, aber wenn die ursprünglichen Emotionen die Oberhand gewinnen, finden sie keine Lösung. Sie wissen, dass sie nicht eifersüchtig sein sollten, aber manchmal können sie nicht anders, wenn die Eifersucht ihr Herz erfasst. So fühlen sie sich gefangen und »beobachten« mit ihrem Verstand die emotionalen Turbulenzen im Herzen.

Manchmal kann eine Therapie unser emotionales Zentrum mit unserem viel eindeutigeren Verstand in Übereinstimmung bringen. Dies scheint jedoch nur bei bestimmten emotionalen Mustern zu wirken, während andere hartnäckig bleiben, wie sie waren, und uns über viele, viele Jahre plagen. Tatsache ist, dass wir nicht wirklich sagen können, warum manche emotionalen Muster sich nicht ändern lassen.

In Ermangelung einer wirklichen Lösung für diese schmerzliche Diskrepanz kann Ihr Verstand nur mit dieser alten, aber effizienten Strategie der »Unterdrückung« arbeiten: das emotionale Zentrum durch logisches Verstehen zu übergehen. Wir benutzen die Selbstanalyse einfach als Waffe gegen die starken Emotionen; wir unterdrücken alle störenden Gefühle, um sie immer wieder wegschieben zu können.

Um im Leben zurechtzukommen, funktioniert Unterdrückung sehr gut. Rein intellektuell zu verstehen, was in uns passiert, hilft uns, uns selbst besser zu kontrollieren. Aber auf lange Sicht werden die Emotionen, die wir unterdrücken wollten, immer verdrehter und komplizierter. Oft verwandeln sie sich in Krankheiten oder in Formen von Sucht und Abhängigkeit.

Der Grund, warum Ihr Verstand angesichts von Emotionen so verwirrt ist und machtlos, liegt darin, weil er deren Sprache nicht spricht. Emotionen sprechen eine Sprache, die so ursprünglich und instinktiv ist, dass unser rationales Denken sie einfach nicht verstehen oder erlernen kann. Energien wie Wünsche, Ängste und Spannungen – mit denen wir täglich zu tun haben – sind dem Verstand zu vage und schwer zugänglich. Aus diesem Grund erscheint echte emotionale Transformation kaum möglich: Hieße das, eines Tages ohne all die unergründlichen und doch so vertrauten Gefühle zu leben, die uns näher zu sein scheinen als unser eigener Atem?

Wie bei vielen geheimen Kräften des Herzens, wissen es nur wenige Menschen: Der größte Transformator des menschlichen Systems ist das Herz.

*

Ihr Herz wirkt wie ein starker Magnet. Es ist bestrebt, jegliche Emotionen oder Gefühle anzuziehen, auch Wünsche, Spannungen oder Ängste. Es geht so einfach, und Sie werden bald verstehen, warum. Um den Herzmagneten zu aktivieren, müssen Sie Ihre »Gegenwärtigkeit« von Ihrem Kopf in Ihre Brust verschieben. Sobald Sie Ihren Schwerpunkt in Ihre Brust verlagern, werden alle Energien von ihr angezogen und bald von ihr aufgenommen.

Eine in das Herz gesaugte Energie kann dessen riesigem Kessel nicht entkommen. Sie schmilzt bald und verändert ihre Natur grundlegend. In diesem Zusammenhang ist das Herz wie ein Verdauungssystem der Emotionen, das Substanzen aufnimmt, ihre nährenden Bestandteile in sich aufnimmt und anschließend die restlichen nicht benötigten Teile ausscheidet.

Übung: Aktivieren Sie die Magnetkraft Ihres Herzens.

Wie bei der »Herzaktivierung« fühlen und visualisieren Sie, wie Ihre ganze Aufmerksamkeit und Ihr Gewahrsein sanft vom Kopf in die Brust hinabsinken. Spüren Sie, wie Ihre Brust zu Ihrem Schwerpunkt geworden ist, wo Sie sich selbst befinden und wo Sie mit der Welt in Verbindung treten. Stellen Sie sich vor, dass die Brust zu Ihrem neuen Kopf geworden ist, dass jetzt sie Ihre Augen und Ohren hätte. Lassen Sie den Kopfbereich so leer und weit wie möglich werden. Fühlen Sie, dass Sie gewissermaßen keinen Kopf mehr auf Ihren Schultern haben, sondern nur noch einen leeren Raum. Lassen Sie das Herz in der Mitte der Brust »schwerer« werden, indem es zum Mittelpunkt Ihres Körpers wird und die oberen Teile trägt.

Stellen Sie sich vor, dass die Brust ihre eigenen Augen und Ohren hat, und fragen Sie sich: »Wie sieht es aus? Was sieht es?« und »Wie hört es sich an? Was hört es?«

Wenn Sie sich in Ihrem Herzen einfinden, fühlen Sie, wenn es anfängt, sich seiner Rolle bewusst zu werden. Spüren Sie seinen starken Zug, der wie ein Magnet auf alle möglichen Energien wirken kann. Spüren Sie, wie es bald beginnt, Energien von oben und unten anzuziehen (insbesondere aus dem Kopf- und Darmbereich). Vielleicht merken Sie schon, dass das Herz von Natur aus diese Energien anzieht – tatsächlich ist es ziemlich schwer, Widerstand zu erfahren, wenn Ihr Herz zum Zentrum Ihres Wesens geworden ist.

Die meisten spirituellen Praktiken befassen sich mit dem Aufstieg niederer Energien hin zum Kopf – wo sich das schlafende »Dritte Auge« und das »Kronenchakra« befinden. Ihre Energie zum Kopf aufsteigen zu lassen, kann funktionieren, wenn Sie Ihre inneren Kräfte und Impulse in höhere und erweiterte Bewusstseinszustände umwandeln wollen.

Ein interessantes Beispiel ist das Tantra-System, sowohl das taoistische Tantra als auch das yogische Tantra, das Praktiken beinhaltet, die sexuelle Energie und sexuelle Lust in mentale und spirituelle Energien umwandeln. Tantriker lernen, wie sie ihre Sexualorgane aktivieren und dann diese erwachende Kraft durch ihre subtilen Kanäle bis zum Scheitel leiten.

Wenngleich die großen Tantrameister die Geheimnisse des Herzens kannten, haben sie sie nur selten genutzt, um die sexuelle Energie zu transformieren. Als starke Magnetkraft

kann das Herz unsere Sexualität leichter und schneller verändern. Das Herz ist dem Becken näher als der Kopf, sowohl in körperlicher als auch in emotionaler Hinsicht: Anders als unsere mentalen Welt, unterscheidet sich die Sprache der Emotionen nicht so sehr von der Sprache der Impulse und Leidenschaften. Darüber hinaus verwandelt das Herz unser Begehren in eine viel aktivere und tragendere Energie, in höhere Emotionen wie Liebe und Mitgefühl, und es heilt und vertieft unsere Beziehung zu unseren Partnern.

Dies geschieht auf sehr einfache Weise. Während das Verlangen im Sexualsystem erwacht, müssen Sie es, um es in eine subtilere Energie umzuwandeln, erst im Brustbereich verankern. Im Gegensatz zur Abwärtsbewegung vom Kopf zum Herzen, ist es in diesem Fall eine Bewegung vom Beckenbereich nach oben zur Brust. Von hier aus ist es ganz einfach, die sexuelle Energie zu aktivieren, zu absorbieren und schließlich in die Außenwelt zu lenken. Auf diese Weise verwandelt sich Verlangen in Liebe.

*

Aber wie kommt es, dass das Herz eine so gewaltige transformative Kraft hat? Was macht es so magnetisch für alle Energien in uns? Die Antwort ist einfach: Liebe. Jeder weiß intuitiv, dass es auf der ganzen Welt keine stärkere Kraft gibt als die Liebe. Keine andere Kraft kann ihrer Stärke widerstehen. Das heißt, wenn die Liebe da ist, unterwirft sich jede niedrigere und schwächere Energie ihr, denn alle Kräfte sehnen sich nach Liebe.

Das ist ein heikler Punkt: So wie wir uns alle nach Liebe sehnen, so sucht sie auch jede andere Energie oder Kraft in uns. Wünsche und Abhängigkeiten zum Beispiel sind wie ein großer Hunger und Durst, der nie gestillt werden kann. Die Menschen sehnen sich nach einem Zustand, der ihren Hunger und Durst stillen könnte, ohne zu wissen, dass sie eigentlich nach der Erfahrung von Liebe streben.

In Wahrheit sind die meisten der widersprüchlichen Dynamiken in unserer mentalen und emotionalen Welt im tiefsten Grund die Folge davon, dass wir unsere Verbindung mit der Kraft der Liebe verloren haben. Sobald unser Herz leer ist, wird das menschliche System orientierungslos, ist verwirrt und lässt Raum für urtümlichere Gedanken und Emotionen, etwa Begehren, Wut, Eifersucht, Angst und Abwehr. Betrachten Sie Ihr emotionales System als ein mutterloses Kind. Wenn es allein in der Welt umherwandert, verirrt es sich.

Unser Herz weiß, dass nur die Liebe die Seele befriedigen und den tiefen emotionalen Hunger und Durst stillen kann. Ohne Liebe ist alles wirr, aber wenn die Liebe zurückkehrt, hält sie den Fluss von falsch fließenden Energien an. Alle Emotionen werden sofort von ihr angezogen und freudig in sie aufgenommen. Die Liebe bringt alles wieder in seinen ursprünglichen Zustand.

*

Die ungeheure Kraft der Liebe Ihres Herzens verwandelt die grundlegenden Emotionen und Gefühle dank einer besonderen Fähigkeit: seiner Fähigkeit, alles und jeden in sich aufzunehmen und einzubinden.

Das Herz ist ein natürlicher Speicher. Es birgt mühelos alles, was ihm begegnet, in sich. Tatsächlich ist es so allumfassend, dass es die Kraft oder das Gefühl nicht einmal verändern muss, die in ihm enthalten sind. Deshalb ist »Annahme«

mit dem Herzen verbunden; wenn Sie umfassend alles bejahen und gutheißen, wenn Sie nicht hadern müssen.

Dies verschafft dem Herzen einen großen Vorteil gegenüber dem Verstand. Der rationale Verstand befindet sich in einem Zustand des ständigen Konflikts, da er niemals im Sowohl-als-Auch, sondern nur im Entweder-oder denken kann. Wenn er ein Gefühl nicht unmittelbar ausschalten kann, ist seine Antwort Unterdrückung. Das Herz hingegen braucht keine Gewalt. Mit seiner allumfassenden Natur überwältigt es mit Sanftmut und Zärtlichkeit. Das Herz umhüllt die Emotion, umgibt sie mit heilsamer Positivität und reinigt sie von jeder verzerrten egoistischen Tendenz. Schließlich hebt es die Emotion in den höheren Bereich der Selbstlosigkeit und Güte. Vor allem erinnert uns das Herz immer wieder daran, was wir mehr als alles lieben und wo es am natürlichsten ist zu wohnen.

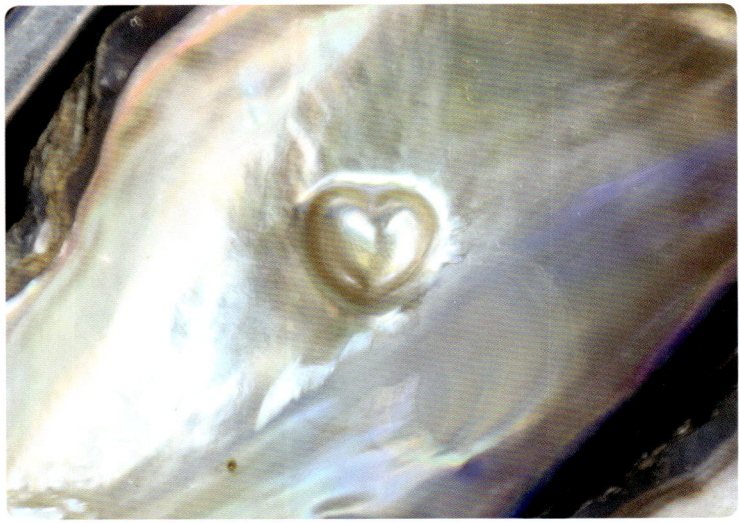

Unnötig zu sagen, dass Sie Emotionen nicht mehr unterdrücken müssen, wenn Sie in Ihrem Herzen sind: Das Herz weist nichts zurück.

Wir alle kennen die magische Wirkung, die ein freundliches Wort oder eine herzliche Umarmung haben kann – alle Spannungen lösen sich im Nu auf. Wir glauben irrigerweise, dass dieses Wort oder diese Umarmung von außen kommen muss, aber diese Kraft, alle Spannungen abzubauen, ist in jedem Augenblick in unserem Herzen.

Das Herz kann diese Wirkung auf jedes unserer Gefühle haben, auch auf Wut, Begehren oder Angst. Es ist wie ein Elternteil, der auf alles reagiert, was unser inneres Kind ausdrückt. Es geschieht nicht aus dem Wunsch heraus, etwas loszuwerden, sondern einfach, um zu beruhigen und mit Güte und Freundlichkeit zu erfüllen.

Mit einem solchen Gefühl überwältigender Güte, das sich sowohl auf uns selbst als auch auf andere bezieht, können wir unser eigenes Wesen oder die Wesen anderer nicht missbrauchen. Wenn wir die Welt in uns und außerhalb von uns so betrachten und so mit ihr umgehen, wird schnell klar, wie unmöglich es mit dieser neuen Einstellung ist, engstirnig und egoistisch zu sein. Deshalb ist es kaum möglich, selbstzerstörerisch in Abhängigkeiten zu bleiben, wenn man in seinem Herzen ist.

*

In seinem Herzen zu sein und diese große Transformation möglich zu machen, ist sehr einfach. Wann immer Sie auf eine angespannte oder zu starke Energie in sich treffen, verschieben Sie Ihren Schwerpunkt körperlich in die Mitte der Brust.

Obwohl es durchaus vernünftig erscheint, in seinem Kopf zu sein, denn hier erkennen wir und nehmen wir wahr, ist er doch ein Bereich, in dem wir uns sehr unwohl fühlen. Deshalb ist unser Schulter- und Nackenbereich oft verspannt. Zu oft schmerzt unser Kopf, fühlt sich überlastet und angespannt. Andererseits haben wir, wenn wir begehren oder wütend sind, wenn wir sehr impulsiv handeln oder die Kontrolle verlieren, das Gefühl, dass sich unser Zentrum in die Beckenregion oder in den Bauch bewegt hat.

In beiden Fällen ist es ratsam, unseren Mittelpunkt in unser Herz zu verlagern. Körperlich gesehen, befindet sich das Herz in einem besonders geräumigen Bereich, weitaus geräumiger als der eher kleine Kopf. Der gesamte Brustraum kann unausgewogene Energien von oben oder unten ohne weiteres aufnehmen und umwandeln.

Sobald Sie unausgewogene Energien in sich aufkommen spüren, bewegen Sie Ihr Zentrum in den Brustbereich. Je mehr Sie sich dort einfinden, desto einfacher wird es für Ihr Herz, mit seiner ganzen Magnetkraft zu wirken. Wenn Sie sich nicht vollständig in den Brustbereich bewegen können, merken Sie vielleicht, dass es hilft zu visualisieren, wie Sie das Gefühl wie in einem Aufzug zum Herzen schicken: Stellen Sie sich vor, wie sich die Gefühle unter dem Herzen – etwa im Becken oder im Darm – im zweiten oder dritten Stock befinden; und Sie bewegen sie in den vierten Stock; Gedanken von oben, die sich im fünften oder sechsten Stock befinden, nehmen ebenfalls den Aufzug in den vierten Stock. – Der Knopf, um den Aufzug zu rufen, befindet sich in Ihrer Brust.

Oder Sie stellen sich vor, wie Sie, während Sie fest im Herzen verankert sind, die Energie entweder von unten oder von oben wie durch einen Strohhalm dort hineinsaugen. Das Wunderbare ist, dass Sie die Energie nicht aktiv nach oben oder unten drücken müssen; sie wird aus dem Bereich des Herzens einfach magnetisch angezogen. Wenn Sie sich gut genug in Ihrem Herzen eingefunden haben, werden Sie erkennen, dass es ganz von selbst die Energie anzieht, die Sie umwandeln möchten.

Übung: Transformieren Sie jetzt jede Energie.

Denken Sie an ein bestimmtes Gefühl, einen bestimmten Gedanken oder Wunsch, mit dem Sie sich schon lange abgeben. Wenn Sie sich im Moment einen solchen nicht klar vorstellen können, versuchen Sie, sich an eine Situation zu erinnern, die diese Emotion hervorruft. Das wird bald alle damit verbundenen Gefühle und Empfindungen wecken.

Sobald Sie diese Gefühle und Empfindungen intensiv erleben, verankern Sie Ihre Mitte so fest wie möglich in der Brust. Spüren Sie die Energie von Ihrer neuen Mitte in der Brust aus, dann ziehen Sie sie zum Herzen. Versuchen Sie nicht, es zu erzwingen; lassen Sie sie in das Herz gleiten, ganz von selbst und mühelos.

Lassen Sie das Herz diese Energie aufnehmen, verdauen und umwandeln. Beobachten Sie, wie sie sich im Herzen verändert. Lassen Sie ihr Zeit, zu schmelzen und sich in eine andere Qualität oder ein anderes Gefühl zu verwandeln.

Wenden Sie diese Energie nach außen, als wäre es ein Pfeil, der auf die Außenwelt zeigt.

Schauen Sie, wie Sie das Gefühl oder die Emotion in seinem vorherigen, unveränderten Zustand jetzt wahrnehmen. Können Sie diese Emotionen noch mit der gleichen Intensität wie ursprünglich erleben? Fragen Sie sich auch, wie Sie sich jetzt mit diesem veränderten Gefühl verhalten könnten.

Versuchen Sie, diesen Vorgang so oft wie möglich zu wiederholen. Es ist nicht nur emotional lohnend, das Herz negative oder behindernde Kräfte verzehren zu lassen und sie in die unbesiegbare Kraft der Liebe zu verwandeln, sondern es verbessert auch deutlich Ihr Wohlbefinden.

Sie können diesen Prozess gleichfalls anwenden, um die sexuelle Energie während des Liebesaktes zu transformieren. Sie brauchen keine komplizierten Techniken zu lernen, und es wird Ihr Liebesleben zum Besseren verändern. Finden Sie einfach Ihre Mitte im Herzen, wenn Sie sexuell erregt werden.

Sie können dies genauso in schwierigen Situationen, etwa bei Lampenfieber, im Streit oder bei Stress am Arbeitsplatz tun.

Ein ähnlicher Transformationsprozess kann auch bei unangenehmen äußeren Ereignissen wie negativen Emotionen oder Zornesausbrüchen praktiziert werden. Lassen Sie sich einfach im Herzen nieder, halten und verwandeln Sie die Energie, und halten Sie Ihr Herz offen, indem Sie die erneuerte Energie nach außen strömen lassen. Denken Sie an das Geheimnis des offenen Herzens: Solange Ihr Herz nach außen fließt, kann es von außen keine Energie aufnehmen und daher nie Schaden nehmen.

Das sechste Herzgeheimnis: Eigenmächtigkeit ohne Grenzen

Ihr Herz kann Ihre Quelle sein für stärkste Motivation

Stellen Sie sich die folgende Frage und denken Sie darüber nach, wie Sie sie ehrlich beantworten würden: Was ist die Kraftquelle, der Antrieb und die Motivation für alles, was Sie im Leben tun?

    Manche Menschen denken nie darüber nach und sind sich gar nicht bewusst, was sie dazu bringt, zu tun, was sie tun. Diese Frage ist jedoch immens wichtig, denn was immer Sie antreibt – es verändert drastisch die Art und Weise, wie Sie Ihre Handlungen und deren Ergebnisse erleben. Wenn Sie zum Beispiel jeden Tag zur Arbeit gehen, nur um Geld zu verdienen, wird Ihre Erfahrung damit ziemlich oberflächlich und funktional sein. Wenn Sie etwas nur tun, weil Sie es müssen, aus Notwendigkeit oder Verpflichtung, werden Sie sich öfter einmal fragen, warum um alles in der Welt Sie es tun.

Im allgemeinen beziehen viele Menschen ihre Energie aus Ehrgeiz und Willen. Sie wollen etwas erreichen oder haben eine Reihe von Zielen, und ihr Wille treibt sie an, morgens in einen neuen Tag zu starten. Es besteht kein Zweifel, dass Ehrgeiz und Wille zusammen eine mächtige Quelle sind, die in der Welt enorme individuelle und kollektive Prozesse vorangebracht hat. Diese Energien können sogar so stark sein, dass man erpicht auf die Arbeit ist und länger arbeitet als nötig. Tatsächlich kann der Wunsch nach Anerkennung, nach Erfolg und gesellschaftlichem Status oder das reine Geldverdienen ein starker Ansporn sein. Weil solche Ambitionen vielfach mit »getrieben« gleichgesetzt werden, sind diejenigen, die diesen Ehrgeiz nicht haben, unfähig, das Spiel mitzuspielen.

Viele Millionen Menschen scheinen für die Konkurrenzgesellschaft nicht geschaffen zu sein. Sie entziehen sich ihr einfach und überlassen sie den Durchsetzungsstarken und Ehrgeizigen. Dies verweist auf einen tief verwurzelten Glauben: dass wir zwischen den beiden Extremen wählen müssen, entweder Macht und Erfolg durch Stress und Kampf oder loslassen und sich mit einem beschränkten, genügsamen Leben zufriedengeben. Angesichts dieser Überzeugung messen die meisten Menschen, wenn sie ehrlich sind, ihr Selbstwertgefühl am Grad ihres »Vertrauens« oder »Nichtvertrauens« ins Spiel des Lebens.

Es gibt ein Problem mit dem Ehrgeiz, das die Ambitionierten manchmal spüren und die anderen intuitiv wissen:

Diese Art Antriebskraftkraft ist überaus begrenzt; sie existiert, ohne mit einem tieferen *Sinn* verbunden zu sein. Deshalb kann ein ehrgeiziger Mensch nach vielen Jahren unermüdlicher Anstrengung eines Morgens völlig ausgelaugt aufwachen und sich verwundert fragen: »Was ist der Sinn von alledem? Warum jage ich ständige solchen Dinge nach?« Tatsächlich haben Ehrgeiz und Wille einen Nachteil, und sie führen, bedenkt man ihre Intensität, ironischerweise oft zu einem Gefühl der Leere.

Selbst starker Ehrgeiz beantwortet nicht die Frage nach dem »Warum«. Sie tun etwas, weil Sie denken, dass Sie etwas erreichen wollen, aber Sie wissen nicht genau, warum Sie es tun. Ein großer Teil der kapitalistischen, geld- und wettbewerbsorientierten Menschheit verhält sich genau so: Sie versucht ständig, etwas zu erreichen, ohne dafür einen guten und klaren Grund zu haben. Der Nebeneffekt dieses leeren Ziels ist eine tiefe Frustration, die in der Regel dadurch gelöst wird, dass man sich neue Ziele setzt.

Ich habe einmal mit einem sehr aktiven und relativ erfolgreichen Filmschauspieler gesprochen. Er gab ganz offen zu, dass er, ganz gleich, wie viel Erfolg er hatte, immer noch daran dachte, wie viel er nicht erreicht hatte, und so blieb er frustriert. Die Wahrheit ist, dass Frustration die Kehrseite der Medaille ist, die andere Seite des Ehrgeizes: Wenn man ehrgeizig ist, ist man frustriert. Warum? Weil es immer noch höhere Berge zu erobern gibt und andere, die es geschafft haben, sie zu erklimmen. Selbst sehr erfolgreiche Menschen schauen neidisch auf noch erfolgreichere Menschen und sind frustriert.

*

Was könnte also unsere Quelle für echte und gesunde Motivation sein?

Wenn wir an mögliche Kraftquellen denken, kommt uns selten in den Sinn, auf unser Herz zu schauen. Uns fallen stattdessen offensichtlichere Quellen ein, etwa Körperkraft, Begeisterung, Verlangen, Begehren, Anerkennung und natürlich der Wunsch nach Sicherheit – und übersehen wahrscheinlich die Liebe, zumindest als treibende Kraft oder Motivation.

Für Ihren Verstand scheint das Herz, wenn überhaupt, der Ruhepol des Lebens zu sein, in dem die Menschen wohnen, die Ihnen lieb und teuer sind, und ebenso die besonderen Zeiten und Erfahrungen von Zärtlichkeit und Intimität. Das Herz ist der Ort, an dem man sich zwischendurch oder nach dem Erreichen von etwas entspannen kann. Es scheint der Wettkampfarena so fern zu sein, dass sich niemand bei klarem Verstand das Herz als engagierten Mitstreiter und Mitschöpfer in dieser angespannten Welt vorstellen kann.

Wie immer scheint dies logisch zu sein, denn Ihr Verstand weiß wenig über die geheimen Kräfte des Herzens, noch dass das Herz einen unaufhaltsamen Antrieb hat.

Das Herz kann uns nicht nur zu dem anregen, was wir fühlen, sondern auch zu dem, was wir tun. Es hat die Kraft, uns den Weg zu ebnen, um alle unsere wahrhaftigen Ziele zu erreichen. Und es ist durchaus in der Lage, dem Druck standzuhalten, der mit den Anstrengungen und dem Kampf verbunden ist, denen wir auf unserem Weg durch die Welt begegnen. In vielen Fällen kann es Druck und Härten sogar besser standhalten als die Willenskraft. Das Geheimnis ist einfach: Wenn man einen wirklich guten Grund für das hat, was man tut – ein echtes »Warum« –, ist man bereit, große Mühen auf sich zu nehmen, um sein Ziel zu erreichen.

Vielleicht meinte der deutsche Philosoph Friedrich Nietzsche das, als er schrieb:

»Wer ein Warum zum Leben hat, erträgt fast jedes Wie.«

*

Liebe – der einzige Grund des Herzens, sich auf alles einzulassen – ist eine Quelle grenzenloser Ermächtigung. Es ist eine Kraft, die Berge versetzen kann, nicht nur ein zartes und verletzliches Gefühl in uns.

Aus der Geschichte kennen wir viele Menschen wie Sie und ich, die inspiriert wurden, ungeheure Dinge aus der Kraft der Liebe zu tun: von Florence Nightingale über Etty Hillesum, Desmond Doss, Mahatma Gandhi bis Martin Luther King Jr. Wenn Sie mit einigen von ihnen nicht vertraut sind, nehmen Sie sich ruhig die Zeit, ihre fesselnden Lebensgeschichten zu lesen. – Die Begegnung mit solchen Vorbildern wird Sie ermutigen, Ihr Herz zu aktivieren und in Ihrem Leben als treibende Kraft zu sehen. Liebe und Glaube schenkten diesen Menschen unglaublichen Mut. Sie machten sie immun gegen die Angst vor Gefahr und Tod. Sie haben nie Gewalt angewendet, weil sie nur mit einer Waffe und einer besonderen Rüstung ausgestattet waren. Wir erinnern uns an sie, so wie wir uns an diejenigen erinnern, die hauptsächlich vom Ehrgeiz getrieben wurden. Aber berührt sind wir von jenen, die aus Liebe gehandelt haben. Denn unser Herz erkennt sie als seine Helden.

Deshalb kann die Liebe ein guter und starker Grund sein, um morgens aufzustehen. Ich wache morgens auf, weil ich liebe; was mich in einen neuen tätigen Tag führt, ist Liebe.

Ich arbeite aus Liebe und begegne anderen Menschen, weil ich liebe.

In diesem Augenblick schreibe ich dieses kleine Buch aus Liebe. Ich könnte es schreiben, weil ich nach Ansehen strebe oder weil ich so viele Menschen wie möglich erreichen möchte. Ich könnte es schreiben, um Ihre Anerkennung zu gewinnen oder Sie zu überzeugen und zu bekehren. Ich könnte sogar einfach nur schreiben, weil ich Lust zum Schreiben habe.

Doch ich schreibe gerade jetzt, weil ich liebe.

Ich liebe das Schreiben; ich liebe spirituelle Weisheit, die wirklich befreien kann; ich liebe es, anderen Menschen mit Klarheit und Ermächtigung zu dienen; ich liebe es, mich auf die geheimen Kräfte des Herzens und das Herz im allgemeinen auszurichten. Ich liebe auch einfach die Liebe.

Wenn Gandhi von Liebe getrieben die Welt verändern konnte und ich aus dem gleichen Grund in der Lage bin, Bücher zu schreiben, können auch alle anderen diese Kraft in sich finden. Nehmen Sie die Liebe als den Grund, aus dem Sie etwas tun. Es muss nicht unbedingt etwas Wichtiges sein. Es könnte die einfachste, alltäglichste Handlung sein. Denken und fühlen Sie: »Ich tue das, weil ich liebe« – und sehen Sie, was passiert.

Übung: Allem, was Sie tun, einen Grund geben

Machen Sie die Liebe allmählich zu Ihrem einzigen »Warum«, zu Ihren Grund, etwas zu tun. Beginnen Sie mit dem Grundlegendsten: Sobald Sie morgens aufwachen, sagen Sie sich, am besten laut: »Ich wache heute Morgen auf, weil ich liebe.« Stellen Sie sich die Liebe vor wie einen stillen Motor, ein Kraftpaket hinter Ihrem erwachenden Wesen. Machen Sie diese Ansage vor jeder Handlung: »Ich werde jetzt aus Liebe abwaschen«, oder: »Ich gehe mit meinem Hund aus Liebe spazieren«, oder: »Ich lese ein Buch, weil ich liebe.«

Richten Sie einfach Liebe auf diese Handlung, auch wenn Sie anfangs nicht daran glauben. Hüllen Sie Ihr Tun in Liebe. Langsam werden Sie sehen, dass Liebe ein sehr triftiger Grund ist, auch wenn zunächst bloß die einfache Ansage die Art und Weise verändert, wie Sie Ihr Tun erleben. Wenn sich das »Zauberpulver«, das Sie mit Ihren Worten verstreut haben, im Tun verflüchtigt, wiederholen Sie die Ansage.

Befolgen Sie diese einfache Übung, und bald werden Sie sehen, dass sich grundlegend ändert, wie Sie Ihr Leben erfahren. Das liegt daran, dass Sie sich jetzt mit ganzem Herzen dafür eingesetzt haben. Das ist in der Tat die wahre Bedeutung von »Achtsamkeit« – wenn Sie Ihr Herz auf etwas richten und es in dieses einzigartige Gewahrsein hüllen.

Während der unvermeidliche Nebeneffekt von Ehrgeiz Frustration ist, geht Liebe Hand in Hand mit einer tiefen und wunderbaren Erfahrung von Sinnhaftigkeit, unabhängig von der Art der Handlung und ihren Folgen.

Wenn wir die Liebe als treibende Kraft aktivieren, ist es, als hätten wir einen verborgenen Knopf gedrückt, der uns direkt mit dem Sinn des Lebens verbindet. Natürlich *weiß* niemand wirklich, was der Sinn des Lebens ist oder ob es überhaupt einen gibt. Intellektuell und sogar spirituell haben wir absolut keine Ahnung, warum wir hier sind. Doch emotional sind wir in der Lage, ein Gefühl dafür zu entwickeln und aktiv mit ihm in Verbindung zu treten.

Interessanterweise fragen wir nicht mehr nach dem Sinn des Lebens, wenn unsere Handlungen vom Duft der Liebe erfüllt sind, da wir mit ihm eins geworden sind. Wenn wir alles, was wir tun, aus Liebe tun, ist unsere Welt sofort von Sinn, Wert und Schönheit erfüllt.

In Spike Jonzes meisterhaftem Film *Adaptation* (2002) vertraut Donald Kaufman seinem Zwillingsbruder Charlie eines seiner größten Geheimnisse an. Charlie erinnert sich, dass es an der High School eine Zeit gab, als er Donald vom Bibliotheksfenster aus beobachtete, wie er sich mit einer Klassenkameradin namens Sarah Marsh unterhielt. Donald war in Sarah verliebt, und er flirtete mit ihr; er fand sie wirklich süß. Charlie war es unangenehm, als er Donald erzählte, dass Sarah sich über ihn lustig machte, wenn er weg war. Doch Donalds Antwort überraschte seinen Bruder: Er wusste es, sagte er, er konnte sie hören. »Warum warst du dann so glücklich«, fragte Charlie. »Ich habe Sarah geliebt, Charles«, antwortete Donald. »Sie war mein, diese Liebe. Sie gehörte mir. Auch Sarah hatte nicht das Recht, sie mir wegzunehmen. Ich kann lieben, wen immer ich will. Ihr seid, was ihr liebt, nicht, was euch liebt. So habe ich vor langer Zeit entschieden.«[8]

Charlie Kaufman hat Recht: Seine Liebe war unbezwinglich. Angetrieben von der Liebe, können Sie nichts falsch machen. Im Gegensatz zu anderen Triebkräften, kann Liebe nie korrumpiert werden, und sie hat keine Nebenwirkungen wie Wut oder Frustration. Vergleiche berühren Sie nicht, denn am Ende des Tages ist Ihr einziger Maßstab, wie viel Liebe in Ihrem Herzen war, als Sie taten, was Sie getan haben – nicht, wie sehr Sie andere beeinflusst haben und wie erfolgreich Sie gewesen sind. Auch wenn Sie in den Augen der Gesellschaft vollständig »versagt« haben, so wissen Sie in Ihrem Herzen, dass Sie in Wirklichkeit alles richtig gemacht haben.

Teil des Herzwissens ist, dass es voll und ganz und unmittelbar *fühlt*, was im Leben wirklich wichtig ist. Deshalb erkennt es in der Liebe die eine und einzige wahrhafte Triebkraft. Aber es gibt eine noch tiefere Quelle für dieses Herzwissen.

Der Sinn des Lebens ist, was wir die »erste Ursache« nennen: was das Universum dazu brachte, aus dem »Nichts« zu entstehen. Wir können nie wissen, »warum« das passiert ist – denn selbst wenn es eine transzendente, göttliche Antwort gäbe, könnten wir sie logisch nicht verstehen. Deshalb haben wir ein Herz mit seinem einzigartigen Wissen – es erschließt diesen Urgrund, weil es mit dem Herzen der ganzen Schöpfung verbunden ist.

So, wie wir nach dem Tiefschlaf erwachen, in dem wir im Nichts lebten – aus dem Drang heraus, uns zu bewegen und etwas zu tun –, so erlebte auch das Göttliche auf geheimnisvolle Weise diesen Drang, etwas aus dem Nichts zu schaffen. Warum hat das Göttliche etwas aus dem »Nichts« hervorgebracht? – Dieser Drang wird in unserer menschlichen Sprache »Liebe« genannt.

Wir *sind* in vielerlei Hinsicht die Verkörperung dieses Drangs. Unser Atem ist aus ihm gemacht, unsere Lebenskraft ist aus ihm gemacht. Da Sie aus Liebe gemacht wurden, reagieren Ihre Zellen darauf und auf seine Energie. Darum, wenn Sie die Liebe als treibende Kraft nehmen, fühlt Ihr ganzes Wesen in seinem tiefsten Kern, dass es »richtig« ist. Der Drang zu handeln, etwas zu schaffen und schöpferisch zu sein, ergibt sich aus dieser in uns wohnenden göttlichen Erinnerung an die »erste Ursache«.

Wenn Sie nicht zynisch sind und sich beim Lesen dieser Zeilen nicht sperren, werden Sie unweigerlich mit einem großen »Ja« antworten.

*

Oft kommt uns unser Tun sinnlos vor, und alles erscheint öde und langweilig. Wenn jedoch hinter jeder Handlung die Liebe steht, bekommt auch die alltäglichste Verrichtung mit einem Mal Farbe und tiefere Bedeutung. Denn wir sind mit dem einzigen Grund in Berührung gekommen, der allen unseren Handlungen einen Sinn gibt.

Es gibt auf der ganzen Welt keine Aktivität, die durch die Liebe nicht in die rechte Bahn gelenkt werden kann, auch das nicht, was wir »Arbeit« nennen. »Arbeit« ist ein ziemlich schlechtes Wort, um zu beschreiben, was wir den größten Teil des Tages tun. Wenn es das ist, was Sie tun – »arbeiten« – wie können Sie jemals glücklich sein? Auch wenn das, was wir tun, notwendigerweise mit Geld belohnt wird, sollten wir uns entweder auf den Aspekt »dienen« oder den Aspekt »schöpferisch sein« ausrichten.

Sagen Sie sich: »Jetzt werde ich etwas erschaffen« oder: »Ich werde anderen dienen« – was auch immer auf Sie zutrifft. Verändert das nicht grundlegend Ihre Erfahrung dessen, was Sie tun? Praktisch jede Arbeit beinhaltet einen Dienst für andere oder ein gewisses Maß an Kreativität. Verwandeln Sie also Ihre Einstellung zu Ihrer Tätigkeit, zum Geldverdienen, Ihrer Arbeit, Ihrer Karriere – zuerst, indem Sie das Konzept »Arbeit« für immer fallenlassen, und dann, indem Sie ihr ein ultimatives »Warum« hinzufügen: »Ich werde aus Liebe dienen/schaffen.« Dies könnte dem Begriff »Arbeit« einen neuen Sinn verleihen.

Allerdings muss Ihre besondere Form des Dienens oder Schöpferischseins gegen Bezahlung nicht mit Ihrer tiefsten Leidenschaft übereinstimmen – und das ist auch völlig in Ordnung. Nicht jeder ist in der Lage, beides zu verbinden, auch aus dem einfachen Grund, weil nicht jedermanns Leidenschaft einen Zweck hat oder etwas Schöpferisches ist.

»Leidenschaft« ist ein starkes Wort, das mit den tiefsten Herzensgründen verbunden ist. Leidenschaft ist eine ungeheure Energie, aber eine, die von echter Liebe zu einer bestimmten Art des Handelns bewegt wird. Sie können leidenschaftlich sein, ohne auch nur eine Spur von Ehrgeiz zu haben. Dies zeigt sich zum Beispiel in der unbekümmerten Begeisterung kleiner Kinder; doch geht die Leidenschaft später oft verloren und ist bei den meisten Erwachsenen tief unter »Pflichten« und zweckgerichteten Aktivitäten vergraben. Einige konnten sich diese Qualität jedoch bewahren. Sokrates zum Beispiel war bis zu seinem letzten Atemzug ein leidenschaftlicher Philosoph – und genau darum geht es beim Wort »Philosophie«, um die Liebe zur Weisheit.

Weil das Herz ein Zentrum der Leidenschaft und Hingabe ist, suchen Sie nach den Dingen, die in Ihnen Leidenschaft wecken und denen Sie sich widmen möchten. Es muss keine bestimmte Karriere sein – es ist in Ordnung, leidenschaftlich Beziehungen zu pflegen oder Tiere oder Fotografie als Hobby zu haben. Während Sie Ihren Dienst an anderen mit Liebe erfüllen, müssen Sie auch Ihre eigentlichen Leidenschaften kennen und sich ihnen hingeben.

Bevor Sie sagen: »Ich habe keine Leidenschaften; ich bin nichts Besonderes«, denken Sie daran, dass wir neben unseren Ambitionen, Wünschen und Verpflichtungen alle mit gewissen Leidenschaften ausgestattet sind. Sie sind Ausdruck des schöpferischen Antriebs des Universums selbst. Wenn überhaupt, dann sind Ambitionen in der Regel falsche Sehnsüchte, die wir von Menschen um uns herum »geborgt« haben; Leidenschaften jedoch entspringen ganz aus uns selbst – wie Donald Kaufman sagt: Sie gehören uns.

Übung: Bestimmen Sie die Leidenschaft Ihres Herzens

Schließen Sie Ihre Augen, konzentrieren Sie sich auf Ihr Herz und fragen Sie es: »Worin gehe ich wirklich auf?« Jetzt hören Sie zu: Was sagt Ihnen Ihr Herz? Ist Ihre Leidenschaft in diesem Leben? Vergessen Sie die Vorstellung von Karriere, Erfolg oder Anerkennung. Was würden Sie tun, allein weil Sie eine brennende Leidenschaft dafür in Ihrem Herzen haben? Was würden Sie tun, wenn Sie dafür weder bezahlt noch anerkannt würden?

Lassen Sie die Antwort langsam hervorkommen. Drängen Sie nicht, auch wenn es ein paar Tage oder sogar Wochen dauert. Sobald Sie Ihre Leidenschaft kennen, erkennen Sie auch, dass Sie mit der nötigen Energie auf die Welt gekommen sind, um ihr zu frönen. Entspricht Ihre Antwort genau dem, was Sie gerade tun, können Sie sich glücklich schätzen, folgen Sie doch dem Spruch: »Finden Sie etwas, das Sie gerne tun, und Sie werden keinen Tag Ihres Lebens arbeiten müssen.«[9] Wenn Ihre derzeitige Tätigkeit jedoch nicht mit Ihrer Antwort übereinstimmt, fragen Sie sich: »Was kann ich tun, damit meine wahre Leidenschaft nicht im Mahlstrom meiner täglichen Aktivitäten untergeht?«

Das siebte Herzgeheimnis: Sich selbst lieben

Ihr Herz sieht Ihre Vollkommenheit. selbst wenn Sie unvollkommen sind.

1990 reiste die amerikanische Autorin und buddhistische Meditationslehrerin Sharon Salzberg nach Dharamsala, Indien, zu einer »Mind and Life«-Konferenz mit dem Dalai Lama. Die Konferenz beinhaltete ein kleines Treffen von Psychologen, Wissenschaftlern und Meditierenden, die sich mit emotionaler Heilung beschäftigten. Als sie an der Reihe war, ein Thema anzuschneiden, kam sie auf das Leiden, das sie sowohl bei ihren Schülern als auch bei sich selbst beobachtet hatte, zu sprechen und fragte den Dalai Lama: »Was halten Sie von Selbsthass?«

Sie beschreibt, wie erwartungsvolles Schweigen eintrat. Es war verblüffend, die Verwirrung des Dalai Lama zu sehen. Er wandte sich an seinen Übersetzer und fragte ihn auf Tibetisch immer wieder nach einer Erklärung. Schließlich, als er sie noch einmal ansah, neigte er mit zusammengezogenen Brauen seinen Kopf. »Selbsthass?« wiederholte er auf Englisch. »Was ist das?«

Salzberg erzählt weiter, dass der Dalai Lama im Verlauf der Sitzung wiederholt versuchte, mit ihnen die Natur des Selbsthasses zu ergründen. Er fand ihn sehr seltsam und suchte nach Erklärungen. »Ist es eine Art Nervenerkrankung?« fragte er, und dann: »Sind die Leute gewalttätig?« Ratlos sagte er: »Aber wir sind Buddha-Natur. Wie kann man sich hassen?«[10]

Während die östliche Philosophie keine Vorstellung von Selbsthass und Selbstverurteilung hat, sind viele Menschen in der westlichen Kultur unfähig, sich selbst voll und ganz anzunehmen. Bewusst oder unbewusst hadern wir mit dem, was wir sind: mit dem Körper, den wir »bekommen« haben, mit der Vergangenheit, die uns aufgezwungen wurde, mit unseren innewohnenden Begrenzungen und hartnäckigen Verhaltensmustern, mit allem, was wir uns vornehmen und niemals schaffen, sowie mit den spezifischen Herausforderungen unseres Lebens.

Deshalb können wir uns selbst – so wie wir gerade jetzt sind – kaum als göttlich, ganz und vollständig wahrnehmen. Wir glauben, dass Vollkommenheit etwas ist, dessen wir vielleicht würdig sind, wenn wir sie uns durch eifriges Bemühen und Selbsterkenntnis erarbeitet haben. Unterbewusst meinen wir, wir können uns eines Tages unsere Selbstliebe verdienen.

Interessanterweise ist dieser inneren Unzufriedenheit mit dem spirituellen Wissen um unsere »Buddha-Natur« oder »göttliche Natur« nicht zu begegnen. Ich habe zahlreiche spirituell engagierte Menschen getroffen, die trotz all ihrer spirituellen Erfahrungen und Einsichten immer noch mit Gefühlen der Unwürdigkeit und Selbstverurteilung zu kämpfen hatten.

Der Grund dafür ist einfach: Ihr Verstand kann niemals Selbstannahme zulassen, da er von Natur aus selbst widersprüchlich ist und alles aufspaltet. Tatsächlich beruht das Denken vollständig auf Dualität, die verhindert, dass Sie sich jemals mit sich zufriedengeben.

Betrachten Sie diesen Satz sorgfältig: »*Ich* kann *mich selbst* nicht annehmen.«

Ihr Denken hat zwei Wesen erschaffen: »Sie« und »Sie selbst«. Da Sie nicht zwei, sondern nur einer sind, existiert

offenbar einer der beiden – entweder »Sie« oder »Sie selbst« – nicht wirklich. Das, was nicht existiert, ist das »Ich« am Anfang des Satzes. Nun, wer ist dieses »Ich«, das sich so schwer damit tut, »sich selbst« – Ihr wahres und natürliches Selbst – anzunehmen?

Dieses unwirkliche »Ich« ist der Teil Ihres Verstandes, der von der Gesellschaft geprägt ist. Er ist eine Stimme, die von vielen inneren Stimmen lebt, die Sie im Laufe des Lebens von Eltern, Behörden, Mitschülern, Kollegen, TV, Werbung und kollektiven Konzepten einer ganz bestimmten Kultur übernommen haben. Dieses »Ich« bringt Sie dazu, sich ständig mit anderen zu vergleichen.

Wegen dieser inneren Stimmen ist Ihr Verstand gespalten. Diese Stimmen sagen Ihnen, dass Sie nicht gut genug sind, und Sie machen den Fehler, sich mit ihnen zu identifizieren und sie »ich« zu nennen. So kommt man schließlich zu dem unangenehmen Gefühl von: »Ich mag mich nicht.« In Wirklichkeit sind alle Gefühle, die Sie haben, ein unwürdiger, sündiger oder »schlechter« Mensch zu sein, nicht wirklich Ihre.

Das gesellschaftliche »Ich« flüstert Ihnen immer wieder ein, wie Sie »sein sollten«. Es schlägt immer eine alternative, bessere Ausgabe von Ihnen vor, sei es eine zukünftige oder eine unrealistische Version. Diese andere Ausgabe ist reine Fantasie und kann nicht verwirklicht werden. Wir können, gemessen an diesem Ideal, nie »gut genug« sein. Folglich können wir uns nicht so mögen, wie wir sind – nicht, solange das »Ich« regiert und das »Ich selbst« verleugnet wird.

Ironischerweise verhindert dieses »Ich«, das immer wieder »sich selbst« ermutigt, ein besserer Mensch zu werden, das Aufblühen Ihres wahren Selbst. Der Verstand erreicht durch Selbstverdammung sehr wenig. Versuchen Sie, sich an einen Vorfall zu erinnern, bei dem Selbstverurteilung für Sie funktioniert und Sie zum Erfolg geführt hat. – Sie können sich an dergleichen nicht erinnern? Das liegt daran, dass es so etwas nicht geben kann. Keine Blume ist jemals durch Selbstverurteilung dem Boden entsprossen. Blumen wachsen einfach, weil es ihre Natur ist.

In Wirklichkeit existiert nur »ich selbst«. Um uns in uns selbst einfinden zu können, müssen wir daher dieses »Ich« auflösen. Aber unser Verstand vermag das nicht. Denken Sie daran: Widerspruch und Gegensätze sind seine Natur. Deshalb sind wir dazu verdammt, mit diesem seltsamen Kampf zwischen »ich« und »ich selbst« zu leben, solange wir auf den Verstand hören.

Übung: Stellen Sie sich Ihrem inneren Kritiker und entlarven Sie ihn.

Für diese Übung müssen Sie schreiben. Machen Sie zwei Spalten: eine mit der Überschrift »Ich bin« und die andere mit der Überschrift »Ich sollte sein«. Beginnen Sie damit, alle Ihre Selbstkritik aufzuschreiben und tragen Sie sie in die Spalten ein. Zum Beispiel:

Ich bin nicht ehrgeizig genug. | Ich sollte ehrgeiziger sein.

Schreiben Sie so viele Selbstvorwürfe wie möglich auf, mindestens zehn. Wenn Sie fertig sind, betrachten Sie jede Aussage in der rechten Spalte sehr genau und fragen Sie sich ehrlich und schauen Sie dabei in Ihr Herz: »Sollte ich wirklich? Ist es wahr?«

Fragen Sie sich auch: »Wer in mir sagt: Ich sollte so sein? Wer ist dieses ›Ich‹? Wer hat mir das gesagt? Wo habe ich es her?«

Sie können die Aussagen auch verändern, indem Sie mit: »Das falsche gesellschaftliche ›Ich‹ sagt mir, dass ich ehrgeiziger sein sollte«, beginnen

Legen Sie allmählich die Wahrheit hinter dem »Sollte« frei. Das kann schmerzhaft sein und sogar Widerstand hervorrufen. Ihr falsches »Ich« würde sagen: »Aber es stimmt! Du solltest wirklich so sein!« Zumindest während der Übung, hören Sie nicht auf diese Stimme und fragen Sie weiter.

Sie werden feststellen, dass jeder Satz in der rechten Spalte direkt oder indirekt mit »nicht genug« endet: »Ich bin nicht schön genug« oder »Ich bin nicht mutig genug.« Gehen Sie noch einen Schritt weiter, indem Sie die Quelle der

Aussage aufdecken: einen Vergleich mit jemand anderem. Zum Beispiel: »Ich bin nicht so erfolgreich wie…« Schauen Sie sich all die anderen Menschen an, von denen Ihr falsches »Ich« Ihnen sagt, dass Sie sein sollten wie sie. Ist es nicht seltsam, dass Sie dazu bestimmt sind, alle diese Menschen zu sein? Stimmt es, dass Sie wie jeder von ihnen sein sollten? Wer soll Ihr Leben leben, wenn Sie jemand anderes sind?

Während Sie die äußeren Stimmen offenlegen und beobachten, wie das gesellschaftliche »Ich« Ihr Wesen aushebelt, richten Sie Ihre Aufmerksamkeit auf Ihr Herz, so wie Sie es bei der »Grundlegenden Herzaktivierung« getan haben, und nehmen Sie Kontakt mit »mir selbst« im Herzen auf. Spüren Sie die Standhaftigkeit und das stille Vertrauen von »ich selbst«, auch bei harten Urteilen.

Ihr Verstand kann niemals echte Selbstannahme zulassen, weil er gespalten ist. Ihr Herz hingegen ist von Natur aus vollständig und ganz. In Ihrem Herzen gibt es nur ein einziges Ich. Es ist gefüllt mit diesem innigen Gefühl von »ich selbst«, denn das Herz ist der Ort, an dem Ihr wahres Selbst wohnt – das naturgegebene oder von Gott gegebene Selbst, so, wie es sein sollte.

Diese echte Selbsterkenntnis ist nicht so abstrakt wie »Buddha-Natur«, was heißt, dass irgendwo hinter Ihren menschlichen Unvollkommenheiten und Fehlern eine transzendente, perfekte Natur liegt. Es ist vielmehr ein Annehmen Ihres Wesens als ganzes. Ihr ganzes Menschsein mit all seinen Schönheiten und Unzulänglichkeiten wird gutgeheißen, denn das Herz muss nicht warten, bis Sie sich vervollkommnet haben, oder über Ihre Unvollkommenheiten hinwegsehen. Es bedarf keiner Anerkennungen und Erfolge, um das Gutheißen zu rechtfertigen, es sucht nicht einmal nach einer himmlischen Bestätigung, dass es tatsächlich stimmt. Es betrachtet Sie als ein vollständiges Wesen, hier und jetzt.

Dies ist das siebte Herzgeheimnis: Es kann die Ganzheit offenbaren, auch in diesem Augenblick, wo wir voller Fehler und Schwächen sind; auch wenn wir uns am meisten verletzt und unwürdig fühlen. Denn das Herz ist in jedem Moment mit dem Gefühl unserer innewohnenden Göttlichkeit verbunden, die wir bereits seit dem Augenblick unserer Geburt erreicht haben.

Im Gegensatz zum Verstand, der immer mit unserer Natur hadert, weiß das Herz, dass jeder von uns ein Ausdruck der Natur ist, ein einzigartiges Geschöpf, das zugleich wunderbar und fehlerhaft ist. Es sieht, dass wir auf unsere Weise »perfekt« sind. Während der Verstand nach Vollkommenheit strebt, sieht das Herz Ganzheit als Vollkommenheit: Zebras können niemals Elefanten sein, und Vulkane können niemals Flüsse sein. Zebras können nur das sein, was sie sind, was beschränkt, aber auch schön ist. Genauso sind auch Sie »beschränkt«. Es gibt Dinge, die Sie tun können, und andere, die Sie schlicht und einfach nicht können. Erwarten Sie, dass Elefanten über Blumen schweben wie Schmetterlinge? Wohl nicht! Aber warum erwarten Sie dann, dass Sie Dinge tun, für die Sie einfach nicht geboren sind?

Aus dieser gesunden Perspektive erscheinen die endlosen Versuche Ihrer Gedanken, etwas heilen zu wollen, was nie zerbrochen ist, lächerlich. Ihre von der Natur gegebene einzigartige Ausstattung ist unvergleichlich und genügt zugleich sich selbst. Der Kosmos selbst, mit all seinem Genius und

seiner Größe, erschuf es, ließ es zu. Wenn überhaupt, ist Ihre Ausstattung das Problem Gottes, nicht Ihres. Wer sich darüber beschweren will, kann sich an die alles ordnende Intelligenz des Universums wenden.

Glauben Sie wirklich, dass Sie an einem schlechten Tag im Himmel hergestellt wurden? Stellen Sie sich vor, dass Sie in der Menschenfabrik des Himmels von einem schlampigen Engel gemacht wurden, der an jenem Morgen schlechtgelaunt aufgewacht ist?

Sich selbst nicht anzunehmen bedeutet, das Universum als Ganzes abzulehnen. Warum sind wir bereit, anzuerkennen, dass das Universum vollständig und vollkommen ist, dass jede einzelne Eidechse und Raupe vollständig und vollkommen ist, während wir auf wundersame Weise die einzigen sind, die vom heiligen Muster abweichen – wir allein sind eine Art kosmischer Fehler? Wie kann das überhaupt sein? Jeder, der bei klarem Verstand ist, wird zugeben, dass das Leben ein Wunder ist. Bedeutet das nicht, dass Sie auch ein Wunder sind?

Schreiben Sie einen imaginären Brief an Gott oder an den Kosmos und versuchen Sie, ihn zu überzeugen, dass er in Ihrem Fall einen Fehler gemacht hat. Dann schreiben Sie eine Antwort von Gott oder dem Kosmos und erklären, warum er Sie genau so erschaffen hat und was er von Ihnen will. Das Ergebnis könnte sehr aufschlussreich sein, wenn Sie erkennen, dass das Universum will, dass Sie Sie selbst sind.

*

Selbstannahme bedeutet, den kosmischen Willen anzunehmen. Schließlich ist das, was wir sind, das, was das Göttliche oder das Universum wollte. Wenn es der göttliche Wille gewesen wäre, dass wir fehlerlos sind, hätte er es so eingerichtet. Was den göttlichen Willen betrifft, sind wir – anders als wir denken – eben jetzt am richtigen Ort und im richtigen Körper, mit den richtigen Einschränkungen und den richtigen Hindernissen auf unserem Weg.

Unser Herz hadert nicht mit unseren angeborenen Begrenzungen und Schwächen. Für das Herz ist klar, dass alle menschlichen Schwächen, Schwierigkeiten und Hindernisse als notwendiges Gleichgewicht für die göttlichen Kräfte in uns und als lebenswichtiges Mittel für Entwicklung und Lernen vorhanden sein *müssen*. In diesem Sinne besteht in unserem Herzen kein Zweifel daran, dass diese Unvollkommenheit auch eine Art Vollkommenheit ist – eine, die von unserem Denken nie wahrgenommen werden kann, weil es unentwegt misst, bewertet und vergleicht; aber durch Fühlen und Wissen kann es empfunden werden.

So will der Kosmos, dass wir schön sind und schwach, verwirrt und mutig. Sobald wir das von ganzem Herzen annehmen, entdecken wir eine neue Art von Schönheit und Vollkommenheit: nicht die Perfektion, die das Gegenteil von Begrenzung ist, sondern eine, die auch alle möglichen Einschränkungen mit einschließt.

Hinter der Selbstannahme steht tiefe Spiritualität. In der Tat, wenn die Selbstannahme sehr tiefgründig ist, ist sie nicht nur eine Selbstumarmung auf seelischer Ebene, sondern auch eine spirituelle Erfahrung. Sie ist ein Weg zu Gott und zur kosmischen Ganzheit. Alles, was wir tun müssen, ist, durch die Selbstannahme hindurchzugehen wie durch ein Tor, das uns unmittelbar in die göttliche Gegenwart führt; denn die innere Ganzheit ist unser unmittelbarster Zusammenhang mit der größeren Ganzheit.

Manche Menschen sprechen von »Hingabe an den höheren Willen«. Aus Sicht des Verstandes könnte dies leicht den gleichen alten Ton treffen: in den Augen Gottes besser und würdiger zu werden. Doch wahre Hingabe beginnt damit, dass Sie sich so gutheißen, wie Sie sind.

*

Die Selbstannahme ist eine gewaltige Kraft des Herzens. Sie macht Schluss mit dem gesellschaftlichen »Ich«; sie durchdringt alle Ebenen des unechten Selbstbildes und zeigt Ihnen die Ganzheit Ihres Seins, das »Gute« und das »Schlechte« als ein kosmisch gegebenes »Ich«. Dann öffnet diese Herzkraft Sie für die Liebe, damit Sie auch andere als vollkommene Ganze lieben können. Die Herzkraft verbindet Sie mit dem allumfassenden Gefühl des Universums und ermöglicht die volle Entfaltung all Ihrer Gaben und Fähigkeiten auf dem festen Fundament eines tiefen positiven Selbstgefühls.

Doch es gibt noch einen weiteren Grund, den Akt der Selbstannahme als eine große Kraft des Herzens zu betrachten. Während er allzu oft als eine Art »letzter Ausweg« für die Schwachen wahrgenommen wird, die das »arme Ich« umarmen, ist er eigentlich die einzige echte Grundlage für wahres Vertrauen. Ein solches Vertrauen erwächst aus Selbstliebe, weil wir nicht mehr auf die Stimmen unserer Umgebung hören, die uns schwächen und uns sagen, wie wir zu sein haben. Wir folgen einfach dem Weg, der uns durch unser ganz eigenes kosmisch gegebenes Muster vorgegeben wurde. Wir haben keine andere Wahl, als wir selbst zu sein, und da dieses Selbst von dem größten aller Genies entworfen wurde, können wir auch stolz darauf sein.

Jeder kennt Frank Sinatras klassische Aufnahme von »My Way«. Der Liedtext wird manchmal als banal angesehen. Aber können Sie diese Worte so fassen, als wären es Ihre? Indem Sie voll Selbstachtung und Wertschätzung Ihrer Person erklären, dass auch Ihre Misserfolge Ausdruck eines einzigartigen Weges waren? Seien Sie sich bewusst, dass solche selbstbewussten Worte nur jemand schreiben kann, der zuerst sich selbst akzeptiert hat. Das ist nicht Überheblichkeit – es ist das gesündeste Gefühl, das man haben kann.

Am Ende tun Sie Ihr Bestes, Ihren eigenen Weg zu gehen; mehr können Sie nicht tun, und Sie können auch nicht wirklich davon abkommen und sich verlaufen. Dies ist ein Naturgesetz: Wir alle tun unser Bestes, innerhalb der Grenzen unseres eigenen innewohnenden Musters. Können Sie wirklich sagen, dass Sie nicht Ihr Bestes geben?

Übung: Eins mit sich selbst sein

Lassen Sie Ihren Schwerpunkt langsam vom Kopf in den Brustbereich wandern. Fühlen Sie, wie Sie so von der Dualität und dem Kampf des Verstandes mit sich selbst zu Ihrem bereits vollständigen Herzen gehen. Erlauben Sie Ihrem Herzen, Ihnen jetzt »sich selbst« zu zeigen, so wie es ist, mit seinen Vorzügen und Handicaps. Beachten Sie, dass der Verstand die Mängel überbetont, während Ihr Herz eine geradlinige und nüchterne, ausgewogene Sicht auf Sie hat.

Betrachten Sie »sich selbst« von ganzem Herzen. Sie könnten sogar Ihre körperliche Erscheinung mit den »Augen« Ihres Herzens visualisieren. Beobachten Sie sich selbst, genießen Sie, wie das Herz Sie betrachtet – ohne zu urteilen und in völliger Annahme. Befreien Sie sich von den Augen der Welt und lassen Sie alle Vorstellungen von »sollte« hinter sich. Sehen Sie sich nur durch die Augen des Herzens.

Jetzt gießen Sie großzügig Liebe in sich hinein. Aktivieren Sie den sich selbst zeugenden bedingungslosen emotionalen Fluss des Herzens und leiten Sie ihn auf sich selbst. Gießen Sie all die Wärme in sich hinein, die Sie sich jemals erhofft haben. Da das Herz Sie von innen heraus umarmen kann, umarmen Sie sanft Ihre natürliche Gestalt und nähren sie mit tiefen Gefühlen und bedingungsloser Zustimmung.

Legen Sie Ihre linke, empfangende Hand auf die untere Mitte Ihrer Brust und Ihre rechte über die linke. Wiederholen Sie das Mantra: »Ich bin ich selbst« zehn bis zwanzig

Minuten lang und lassen Sie es von Kopf bis Fuß in Ihrem ganzen Wesen widerhallen. Dies ist Ihr einziges wahres Herzmantra, das die Kraft besitzt, das »Ich« aufzulösen und die Einheit mit Ihnen selbst herbeizuführen. Versuchen Sie nicht, eine solche Einheit zu »machen«; Sie legen sie einfach nur offen. Achten Sie darauf, wie sich Ihre Hände vor der Brust entspannen und die Wärme aus Ihrem Herzen in Ihre Hände fließt und wieder zurück.

Spüren Sie, wie die Wärme, sobald Sie diese unmittelbare innere Ganzheit erlangen, Sie auch mit der äußeren Ganzheit verbindet. Wenn Sie Sie selbst sind, fällt alles andere an seinen Platz: der Himmel, die Erde, alle Tiere und Menschen folgen ihrem natürlichen Muster, genau wie Sie – in einem Kosmos, der immer nur der eine ist. Wenn Sie aufhören, sich vom kosmischen Muster auszuschließen, schließen Sie alles und jedes in Ihr Herz. Schauen Sie diese Vision, um tiefer in den kosmischen Ozean der Ganzheit einzutauchen. So, wie Sie sind, sind Sie jetzt ein gesegneter pulsierender Teil des universellen Wesens. Wenn Sie sich selbst gutheißen, sind Sie zu Hause.

Die »Heart Gym«-Übung

Während wir das Herz in erster Linie energetisch und spirituell betrachtet haben, ist es auch ein »emotionaler Muskel«. Es hat einen körperlichen Aspekt, der auch Ihre Haltung betrifft, und es ist wichtig, es fit und beweglich zu halten. Die folgende geführte Meditation kann dabei helfen.

Grundlegende Anweisungen

Das regelmäßige Üben der »Grundlegenden Herzaktivierung« und der »Heart Gym«-Übung, die täglich abwechselnd durchgeführt werden, kann zu einer ständigen Offenheit des Herzens führen – dazu, dass es sich öffnet und nie wieder schließt.

Bei dieser Übung können Sie, nachdem Sie die Anweisungen sorgfältig gelesen haben, Ihre Augen schließen oder offen halten.

Schritt eins: Öffnen der Flügel Ihres Herzens

Achten Sie zunächst darauf, dass Ihre Brust nicht auf den Solarplexus oder das Zwerchfell drückt. Normalerweise liegt die Brust schwer auf dem Zwerchfell. Dehnen und vergrößern Sie vorsichtig den Zwerchfellbereich, so dass er zu einer festen Plattform wird, die die Brust stützen kann. Chakrentechnisch ermöglicht dies den ungehinderten Fluss vom sehr persönlichen dritten Chakra zum vierten und sehr mit der Einheit verbundenen Herzchakra. Spüren Sie, wie Sie frei aus dem Zwerchfell atmen, um die Brust mit Luft zu füllen.

Wenn Sie diesen freien Durchgang von Atem und Energie zulassen, spüren Sie, wie sich die Brust erweitert. Spüren Sie, wie die Schultern sanft auseinandergezogen werden, als ob Sie breitere Schultern hätten. Auf diese Weise kann die Brust durch den Solarplexus und die Schultern durch die Brust richtig gestützt werden.

Atmen Sie jetzt in den ganzen Bereich – Solarplexus, Brust und Schultern – als eine Einheit ein und lassen Sie diesen

Teil Ihres Körpers sich heben und senken, sich heben und senken. Achten Sie darauf, dass sich auch Ihr Rücken auf Brusthöhe verbreitert. Erkennen Sie, dass Ihre Brust viel weiter ist, als Sie es je erlebt haben, fast wie die Flügel eines Adlers, so dass Sie mit jedem Einatmen Ihre Flügel ausbreiten und mit jedem Ausatmen wieder zusammenfalten.

Sie könnten auch Flügel visualisieren, die aus der Mitte des Rückens hervortreten, auf einer Höhe mit der Basis der Brust. Dies führt zu einer Vertiefung des Atems. Folgen Sie dieser Atmung und Visualisierung mit sanften Bewegungen der Schultern und des oberen Rückens, insbesondere wenn Sie Ihre Schultern nach hinten und vorne bewegen, um Ihre Brust noch weiter zu öffnen.

Schritt zwei: Den Herzmuskel dehnen

Für diese Phase verschließen Sie Ihr Herz vollständig, als ob Sie in der Mitte Ihrer Brust Ihre Faust ballen würden. Es soll kein schmerzhaftes Gefühl entstehen, sondern Sie fühlen nur, wie Sie alles zusammenziehen und die Energie blockieren. Sie müssen Ihr Herz fest zusammendrücken, es so weit wie möglich verschließen, als sagte es: »Ich will heute nicht aufmachen.« Es ist hilfreich, die Schultern zusammenzuziehen und sich nach vorne zu beugen, um das Zentrum der Brust noch mehr zusammenzudrücken.

Bringen Sie Ihr Herz an den Punkt, an dem es sich völlig verschlossen anfühlt – und dann öffnen Sie es sogleich. Atmen Sie wie zuvor in den Solarplexus, die Brust und die Schultern als Einheit ein; entfalten Sie Ihre Flügel mit jedem Atemzug. Erleben Sie die Loslösung und die Erleichterung. – So fühlt es sich viel besser an. Auch hier kann Ihnen ein

Bewegen der Schultern und des Rückens helfen. Spüren Sie, wie dadurch mehr Energie fließt.

Nun noch einmal den »Herzmuskel« zusammenpressen. Wieder ist es wichtig, dass Sie ihn fest, aber nicht schmerzhaft zusammendrücken; versuchen Sie, ihn so weit wie möglich festzumachen und nach innen sinken zu lassen. Denken Sie: »Ich will mich nicht öffnen«, auf die kindischste und widerborstigste Weise. »Ich will mich nicht für Menschen, für Situationen, für die Welt öffnen…«

Gehen Sie mit dem Zusammenpressen bis zum Äußersten und entspannen Sie sich dann. Spüren Sie, wie die Energie viel besser fließt, und atmen Sie in diese Einheit aus Solarplexus, Brust und Schultern. Spüren Sie, wie ungesund es ist, das Herz zu verschließen.

Ziehen Sie ein letztes Mal Ihre Brust zusammen. Denken Sie: »Ich will die Enttäuschungen nicht loslassen. Ich will meine Traurigkeit, meinen Groll und meine Wut nicht loslassen. Ich behalte alles für mich. Ich werde nie wieder vertrauen können.« Verschließen, verschließen, verschließen Sie sich…

Dann, endlich, entspannen Sie sich. Spüren Sie, wie Sie voller atmen. Lassen Sie die Energie fließen. Machen Sie einige leichte Bewegungen mit den Schultern – damit die freigesetzte Energie vom Solarplexus zur Brust und nach oben zur Kehle fließen kann, wo sie sich schließlich ganz auflöst. Als Ausdruck dieser Lösung haben Sie vielleicht das Bedürfnis zu gähnen oder zu seufzen. Das ist sinnvoll, denn die Kehle ist das Tor, durch das alles, was in unserem Herzen gespeichert ist, freigegeben wird.

Kehren Sie langsam aus der Meditation zurück.

Achtung

Manchmal, wenn wir den intensiven Prozess der Herzöffnung durchlaufen, erleben wir das genaue Gegenteil: Schmerzen und Kontraktionen in der Brust und das Gefühl, dass es im Herzen nicht genug Platz gibt. Verlieren Sie dann nicht den Glauben, denn das ist im Grunde ein gutes Zeichen, ein Hinweis darauf, dass Sie Ihren »Herzmuskel« immer mehr dehnen.

Wir müssen erkennen, dass dieser »Muskel« so zusammengezogen sein kann, dass wir, wenn wir versuchen, unser Herz zu öffnen, zuerst auf einen Widerstand stoßen. Dieser Widerstand ist nicht unbedingt mental oder emotional. Es ist einfach das Ergebnis der jahrelangen Gewohnheit, das Herz klein zu halten und zu verstecken. Sie brechen jetzt durch die Mauer, und das ist es, was Sie erschüttert. Sobald die Mauer fällt, wird Ihr Herz wieder der natürliche alles umschließende Raum sein, der es immer war und für immer bleiben wird.

*Die Liebe ist gekommen, um zu herrschen und
sich zu verwandeln;
Bleib wach, mein Herz, bleib wach.*

Rumi

Quellen

1. Steven Novella, MD, Gehirnzellen im Herzen, Neurologica Blog, 12.8.2013, https://theness.com/neurologicablog/index.php/brain-cells-in-the-heart/
2. Elizabeth Clare Prophet, The Buddhic Essence, Seite 115, Summit University Press, 2009
3. 30 Good Minutes, Eva Kor, Spiritual Journey – Forgiving our enemies, Youtube Interview, 2013; https://www.youtube.com/watch?v=VxqQbXoDtIc
4. Junggeselle Fernsehen, Eva Mozes Kor: A Story of Forgiveness, YoutubeInterview,2010;https://www.youtube.com/watch?v=rwvbtuIz6Hs&t=24s
5. David Van Biema, Mother Teresa's Crisis of Faith, Time Magazine, 2007
6. Hemul Goel, 8, Zitate von Mutter Teresa, India Today, 2016
7. Plato, Symposium, übersetzt von Benjamin Jowett, Pearson, 1956; http://classics.mit.edu/Plato/symposium.html
8. Charlie Kaufman, Adaptation, Movie Script, 1999; http://www.dailyscript.com/scripts/adaptation.pdf
9. Garson O'Toole, Choose a job you love, Quote Investigator, 2014; https://quoteinvestigator.com/2014/09/02/job-love/
10. Sharon Salzberg, Buddha Nature, Rebel Buddha, 2011; http://www.rebelbuddha.com/2011/01/buddha-nature/

Über den Autor

Shai Tubali, Chakra-Experte, spiritueller Lehrer, Fachmann auf dem Gebiet der Kundalini und des feinstofflichen Körpersystems, lebt in Berlin, wo er eine Schule für spirituelle Entwicklung leitet und Seminare, Trainings, Satsangs und Retreats hält. Seit 2000 arbeitet er mit Menschen aus aller Welt und begleitet sie auf ihrem spirituellen Weg. Er hat zwanzig Bücher über Spiritualität und Selbstentwicklung geschrieben, darunter *Good Morning, World*, ein Bestseller in Israel, und *The Seven Wisdoms of Life*, Gewinner des USA Best Books Award und Finalist des Book of the Year Award.

Um auf die Übungen Grundlegende Herzaktivierung und Heart Gym zuzugreifen, besuchen Sie: https://shaitubali.com/heartvideos Bleiben Sie auf dem laufenden, indem Sie Shais YouTube-Kanal abonnieren und haben Sie Zugang zu einer Fülle von zusätzlichem Material über die Erschließung der sieben Herzgeheimnisse.

Weitere Bücher von Shai Tubali:

Chakren, Neue Erde 2013
White Light, Kamphausen 2013
Die spirituelle Revolution, Amra 2015
Lebensfreude, Neue Erde 2017
Entdecke deine Chakra-Persönlichkeit, mvg 2019

Bildnachweis

Dekorative Designs:
Herz: Gorbash Varvara; Seitenrand: LaFifa; Aquarellvögel und Mädchen, die mit einem Schwarm von Schmetterlingen springen: Frau Opossum; stilisierte, aquarellierte Rosen: Rocksana.
Alle shutterstock.com

Fotos:
Seite 2-3: Vaclav Volrab, S. 4: Rapin_1981, S. 6: Suzanne Tucker, S. 11: Torelair, S. 14: Soze Soze, S. 21 : Kris Tan, S. 25: Valentina Proskurina, S. 28: FCSCAFEINE, S. 32: TSpider, S. 35: Sabine Schmidt, S. 40: EQRoy, S. 43: aguinaldo matzenbacher, S. 47: Pop Tika, S. 53: Jacob_09, S. 56: Tama2u, S. 59: Lumppini, S. 64: -Benjavisa Ruangvaree, S. 67: Veera, S. 70: artistique7, S. 71: Neale Cousland, S. 75: OLaLa Merkel, S. 78: mikumistock, S. 84: Valentyn Volkov, S. 91: Cornelia Pithart, S. 97: Ipek Morel, S. 99: WAYHOME Studio, S. 105: Petar Paunchev, S. 112: Subbotina Anna, S. 117: Fotopixel.
Alle shutterstock.com

Andere Titel bei Neue Erde

Ein neues Bild der Chakren
Jedes der sieben Hauptchakren wird ausführlich in allen psychologischen Facetten behandelt. So können wir nicht nur erkennen, wo ein Chakra nicht richtig arbeitet, sondern lernen auch, wie wir es wieder ins Gleichgewicht und zur vollen Entfaltung bringen.

Shai Tubali
Chakren
Die sieben Energiekörper der Seele
Paperback, 272 Seiten
ISBN 978-3-89060-628-6

Heilung und Entwicklung durch die Chakra-Tiere
Von der Psychotherapie kommend und aus der Begegnung mit dem indianischen Totempfahl entwickelte Stephen Gallegos in den 1980-er Jahren den »Persönlichen Totempfahl-Prozess«. In der inneren Schau oder »Visualisierung« begegnen wir dabei in unseren Chakren bestimmten Tieren, die uns helfen, seelische Traumata zu heilen und das innere Wachstum auf einfache und wirkungsvolle Weise voranzubringen.

Stephen Eligio Gallegos
Indianisches Chakra-Heilen
Der Persönliche Totempfahl-Prozess
Paperback, 192 Seiten
ISBN 978-3-89060-633-0

www.neue-erde.de

Andere Titel bei Neue Erde

Lust, Liebe, Lachen – das zweite Chakra

Das zweite Chakra (Sakralchakra) steht für die Lust am Leben, Freude am Dasein, für die Präsenz mit allen Sinnen – für Lebensfreude pur. Dieses Buch beschreibt die verschiedenen Ebenen des zweiten Chakras und zeigt, wie wir hier Ungleichgewichte und Schwächen ausgleichen können. Damit bringen wir des Lebens Freude wieder zum Strahlen!

Shai Tubali mit Philipp Ritzler
Lebensfreude
Das zweite Chakra zum Leben erwecken
Paperback, 192 Seiten
ISBN 978-3-89060-712-2

Es ist Zeit für ... The Deeper Secret

Das »Gesetz der Anziehung« ist nur eines von zwölf universellen Gesetzen. Diese zwölf Gesetze hat Annemarie Postma in diesem Buch lebens- und praxisnah beschrieben. Und sie stellt klar: Diese Gesetze zu kennen und im eigenen Leben anzuwenden ist kein Fingerschnippen, sondern ein Prozess lebenslangen Lernens und Übens. Und dazu ist ihr Buch ein Wegbegleiter, den man immer wieder zur Hand nehmen sollte. Fülle stellt sich ein, wenn wir nicht mehr fragen: »Was kann das Universum für mich tun?« sondern: »Was kann ich fürs Weltganze tun?«

Annemarie Postma
The Deeper Secret
Das Tiefere Geheimnis
Pappband mit Lesebändchen, 160 Seiten
ISBN 978-3-89060-581-4

www.neue-erde.de

NEUE ERDE im Buchhandel

Neue Erde ist ein kleiner unabhängiger Verlag, und der unabhängige Buchhandel ist unser natürlicher Partner. Wir unterstützen die Initiative »buy local«.

Sollte es Lieferschwierigkeiten bei den Büchern von NEUE ERDE geben, lassen Sie immer im VLB (Verzeichnis lieferbarer Bücher) nachsehen, im Internet unter **www.buchhandel.de**

Alle lieferbaren Titel des Verlags sind für den Buchhandel verfügbar.

Auch mobil können Sie, zum Beispiel mit LChoice, unsere Bücher beim örtlichen Buchhändler kaufen.

Sie finden unsere Bücher auch auf unserer Homepage **www.neue-erde.de** oder in unserem Gesamtverzeichnis, welches Sie gerne hier anfordern können:

NEUE ERDE GmbH
Cecilienstr. 29 · 66111 Saarbrücken
info@neue-erde.de

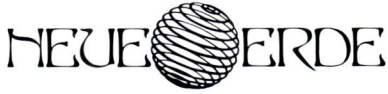